쉽고 재미있게
생각하는 연산!

연산력 수학

노크

C5
(초1~초2)

두 자리 수와 한 자리 수의 뺄셈

똑!똑! 연산력 수학
노크의 구성

하루에 4쪽
20일 완성

연산 학습 ▶ 하루에 4쪽씩 한 가지 주제를 학습합니다.

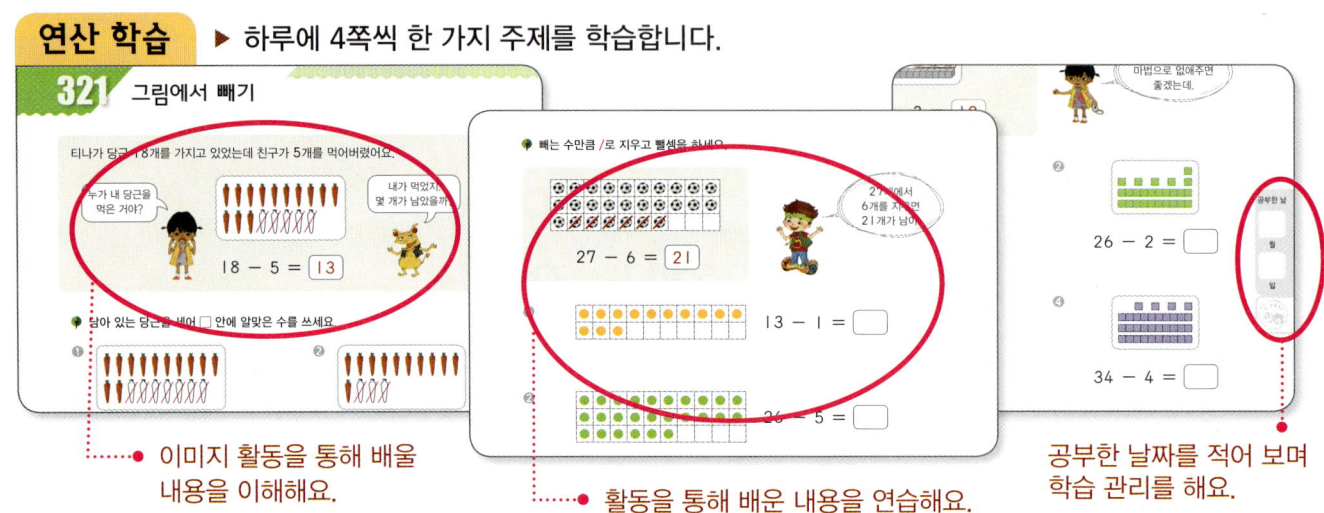

이미지 활동을 통해 배울
내용을 이해해요.

활동을 통해 배운 내용을 연습해요.

공부한 날짜를 적어 보며
학습 관리를 해요.

평가 ▶ 배웠던 주제를 평가해 봅니다.

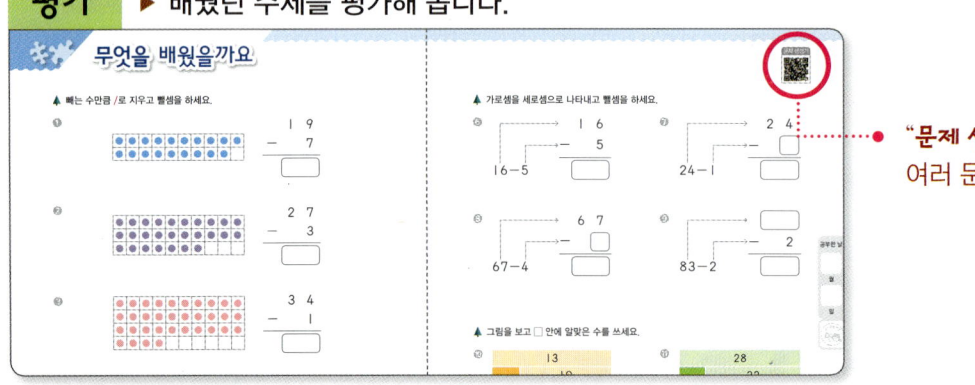

"문제 생성기" QR코드를 이용하면
여러 문제를 더 풀어 볼 수 있어요.

연산 보충 학습 ▶ 연산 학습의 부족한 부분을 연습합니다.

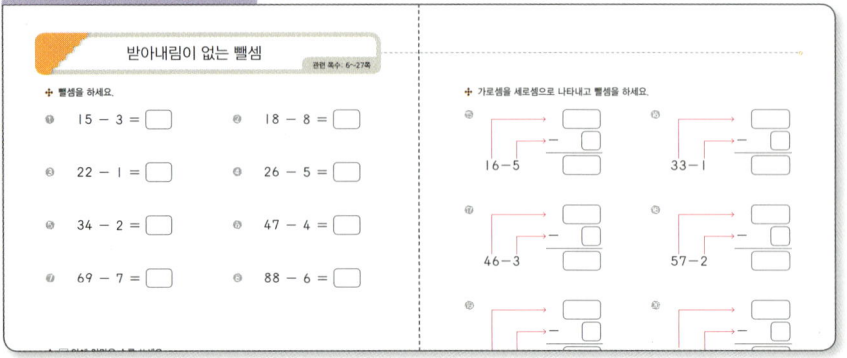

각 주제별로 학습했던 연산 학습 중 연습
이 더 필요한 부분을 본책 맨 뒤에서 제공
합니다.
해당 연산 학습을 끝낸 후에 사용하세요.

연산력 수학 노크만의 스마트 학습

문제 생성기

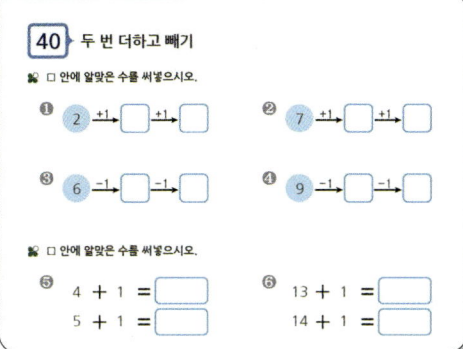

40 두 번 더하고 빼기

□ 안에 알맞은 수를 써넣으시오.

❶ 2 $\xrightarrow{+1}$ □ $\xrightarrow{+1}$ □   ❷ 7 $\xrightarrow{+1}$ □ $\xrightarrow{+1}$ □

❸ 6 $\xrightarrow{-1}$ □ $\xrightarrow{-1}$ □   ❹ 9 $\xrightarrow{-1}$ □ $\xrightarrow{-1}$ □

□ 안에 알맞은 수를 써넣으시오.

❺ 4 + 1 = □   ❻ 13 + 1 = □
  5 + 1 = □   14 + 1 = □

"**무엇을 배웠을까요**"를 풀고 난 후 QR코드를 찍어 보세요.
새로운 문제들이 계속 생성됩니다.
출력하여 사용하세요.

연산력 게임

"**연산력 게임**" 코너에 있는 QR코드를 찍어 보세요.
연산 학습과 연계된 재미있는 연산력 게임을 할 수 있습니다.

애니메이션

연산력 수학 노크에 나오는 친구들을 소개해요!!

모험가 친구들

태돌   **현우**   **큐리**   **티나**
추진력 리더   끈기 대장   호기심 해결사   치밀한 전략가

마법사 멀린과 수학 요정

마법사 멀린

꼬마 요괴

딴소리   **한입**   **장난**   **딴짓**   **멍하니**   **잠만자**   **울보**   **거꾸로**

연산력 수학 노크 **C5** 차 례

노크랜드로
출발해 볼까?

받아내림이 없는 뺄셈

▶ 연산 보충 학습(102 ~ 103쪽)에서 더 풀어 보세요.

학부모 지도 가이드

이번 차시에서는 받아내림이 없는 (두 자리 수)—(한 자리 수)의 뺄셈을 공부합니다.

$$15 - 3 = 12$$

▲ 그림에서 빼기

$$15 - 3 = 12$$

▲ 거꾸로 뛰어서 빼기

뺄셈 방법에는 여러 가지가 있으므로 다양한 방법으로 뺄셈 문제를 해결하도록 합니다.

그림에서 빼기

티나가 당근 18개를 가지고 있었는데 친구가 5개를 먹어버렸어요.

누가 내 당근을 먹은 거야?

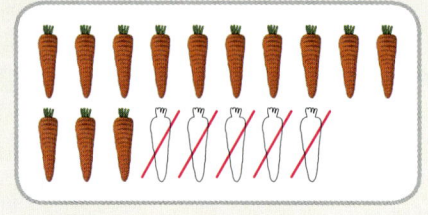

내가 먹었지. 몇 개가 남았을까?

$$18 - 5 = \boxed{13}$$

🌳 남아 있는 당근을 세어 ☐ 안에 알맞은 수를 쓰세요.

❶
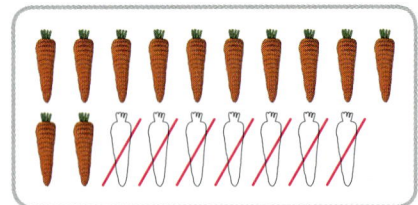

$$19 - 7 = \boxed{}$$

❷
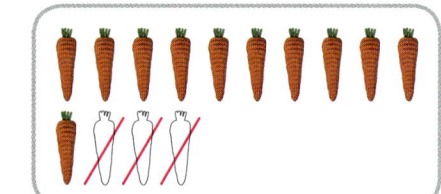

$$14 - 3 = \boxed{}$$

❸
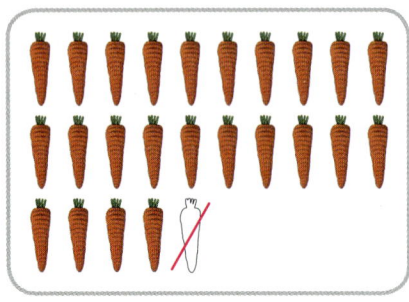

$$25 - 1 = \boxed{}$$

❹
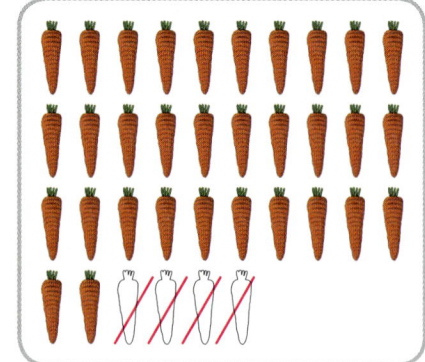

$$36 - 4 = \boxed{}$$

빼는 수만큼 /로 지우고 뺄셈을 하세요.

$$27 - 6 = \boxed{21}$$

27개에서 6개를 지우면 21개가 남아.

① $13 - 1 = \boxed{}$

② $26 - 5 = \boxed{}$

③ $38 - 3 = \boxed{}$

④ $29 - 7 = \boxed{}$

마법사가 마법으로 사탕을 없애고 있어요.

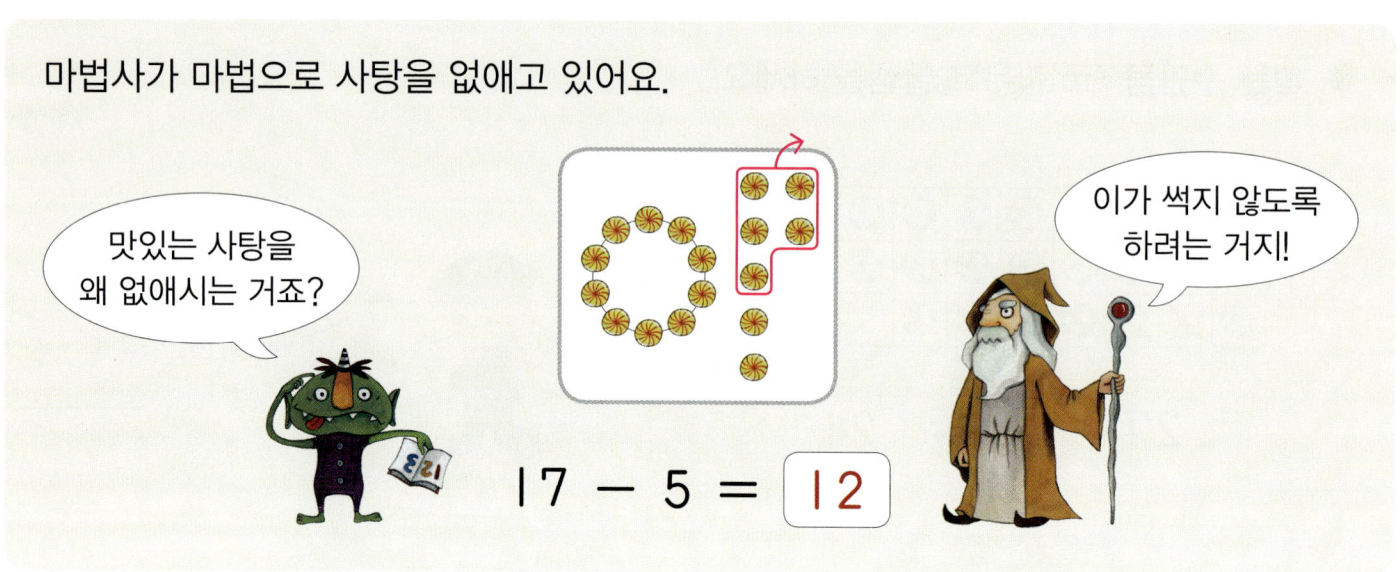

17 − 5 = 12

🌳 그림을 보고 뺄셈을 하세요.

❶
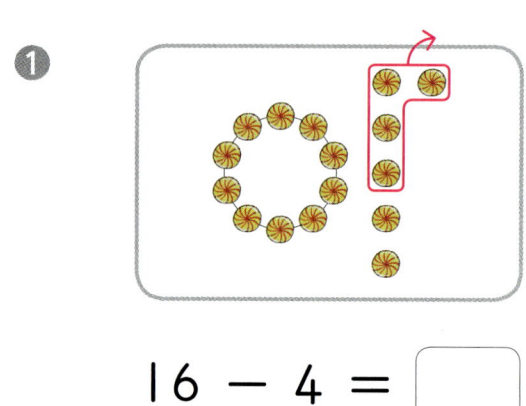

16 − 4 =

❷
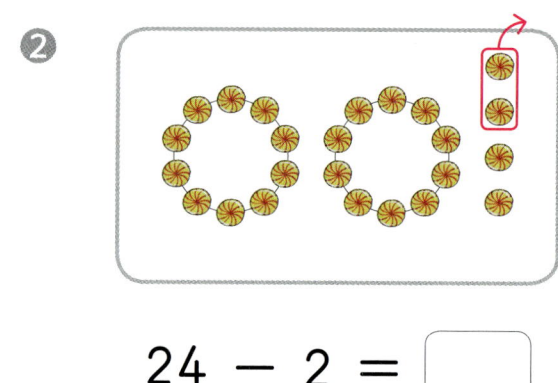

24 − 2 =

❸
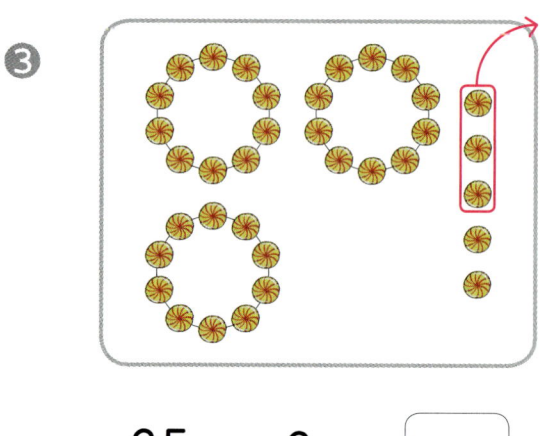

35 − 3 =

❹
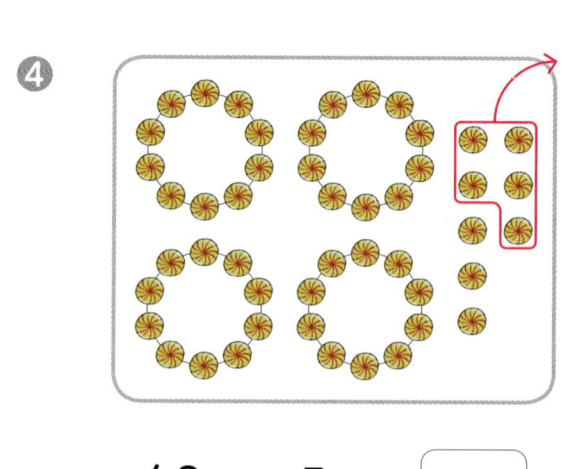

48 − 5 =

🌳 빼는 수만큼 덜어 내고 뺄셈을 하세요.

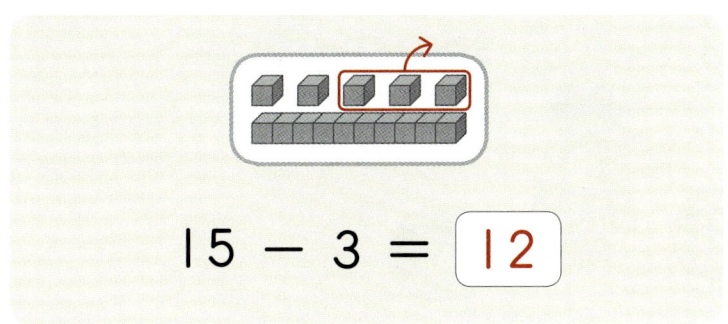

$15 - 3 = \boxed{12}$

수 모형도 사탕처럼 마법으로 없애주면 좋겠는데.

①
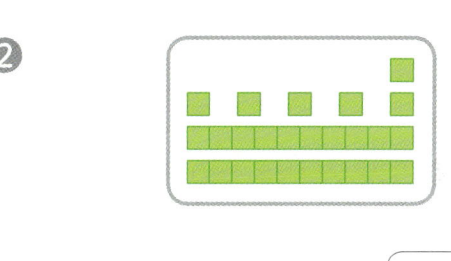

$32 - 1 = \boxed{}$

②
$26 - 2 = \boxed{}$

③
$17 - 5 = \boxed{}$

④
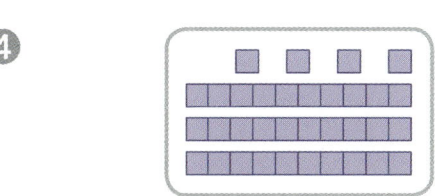

$34 - 4 = \boxed{}$

⑤
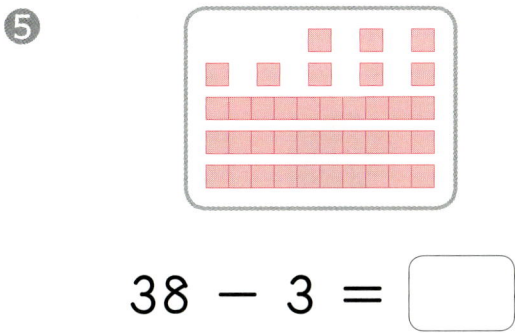

$38 - 3 = \boxed{}$

⑥
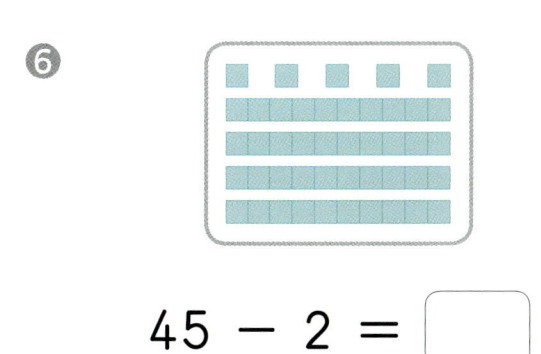

$45 - 2 = \boxed{}$

거꾸로 뛰어서 빼기

개구리가 차례로 수가 적힌 연잎 위를 거꾸로 뛰어 가요.

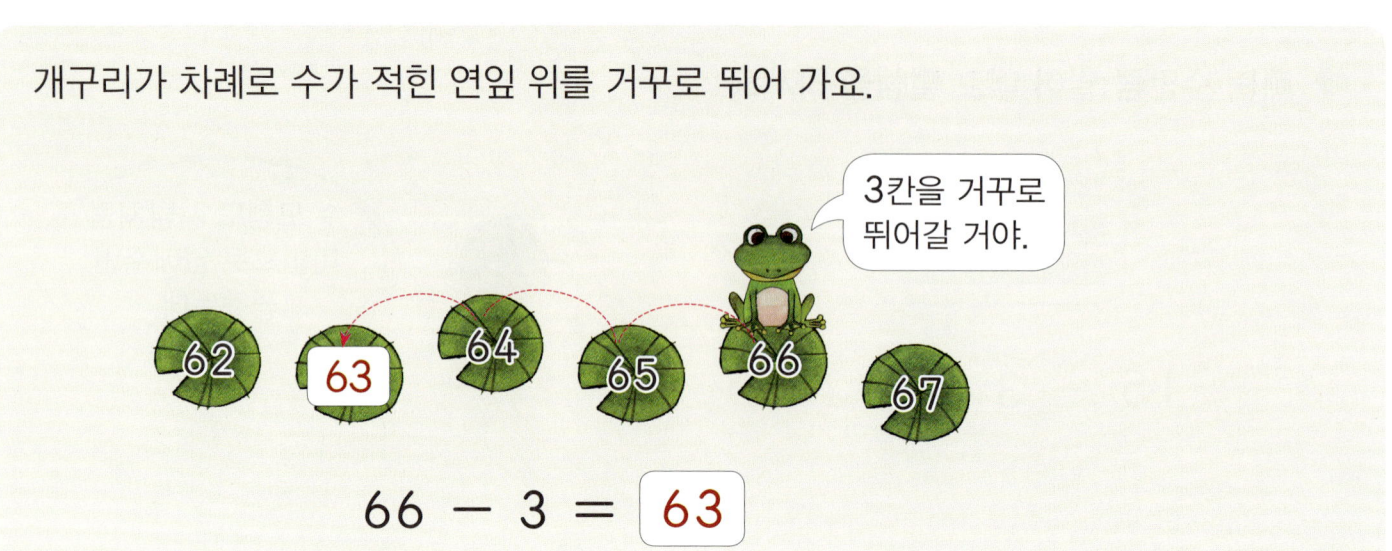

3칸을 거꾸로 뛰어갈 거야.

$$66 - 3 = 63$$

🌳 개구리가 거꾸로 뛰어서 도착한 곳에 알맞은 수를 쓰고 뺄셈을 하세요.

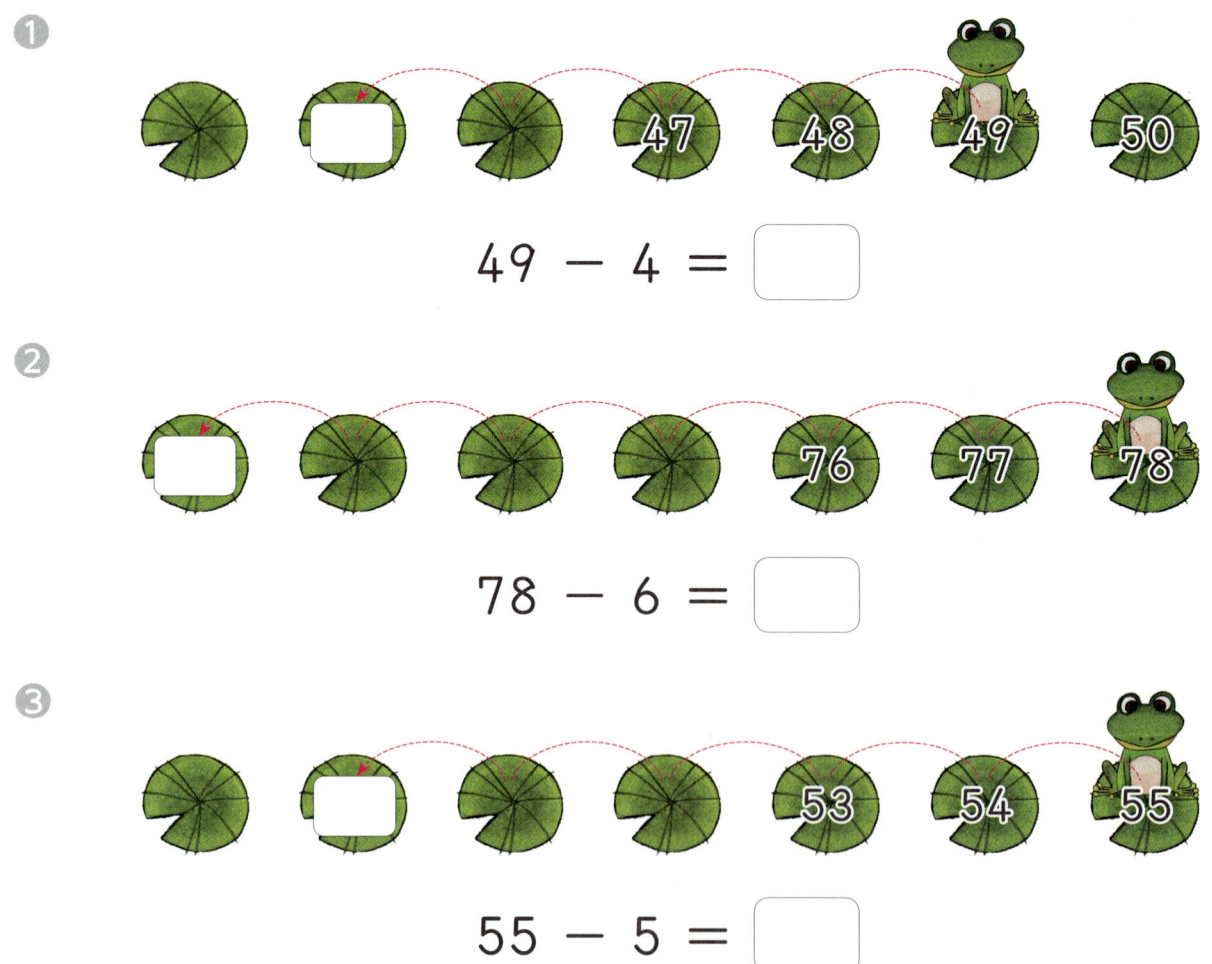

❶

$$49 - 4 = \boxed{}$$

❷

$$78 - 6 = \boxed{}$$

❸

$$55 - 5 = \boxed{}$$

● 주어진 수부터 거꾸로 뛰어 뺄셈을 하세요.

$16 - 4 = \boxed{12}$ $25 - 2 = \boxed{}$

$35 - 4 = \boxed{}$ $32 - 2 = \boxed{}$

$32 - 1 = \boxed{}$ $47 - 3 = \boxed{}$

$54 - 2 = \boxed{}$ $59 - 5 = \boxed{}$

뺄셈 기차가 굴뚝에 연기를 뿜으면서 지나가요.

기차 굴뚝의 연기에 거꾸로 센 수를 쓰고 뺄셈을 하세요.

①

②

③

④

⑤

⑥

🌳 거꾸로 뛰어 세어 뺄셈을 하세요.

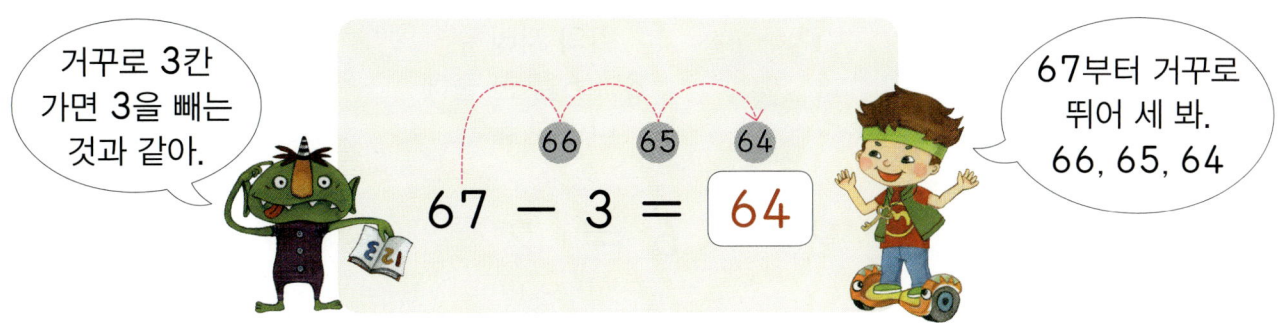

① 55 − 1 = ☐

② 76 − 4 = ☐

③ 29 − 2 = ☐

④ 47 − 5 = ☐

⑤ 18 − 3 = ☐

⑥ 69 − 8 = ☐

⑦ 37 − 4 = ☐

⑧ 86 − 1 = ☐

⑨ 97 − 4 = ☐

⑩ 58 − 6 = ☐

공부한 날

월

일

세로셈

큐리는 덜어 내고 남은 수 모형의 수를 가로셈과 세로셈으로 각각 구해요.

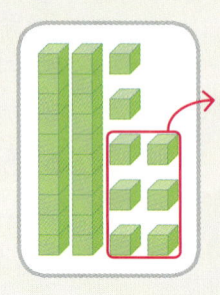

일의 자리 수 8과 6을 한 줄에 나란히 놓아.

$28 - 6 = $ **22** ➡

$$\begin{array}{r} 2\ \ 8 \\ -\ \ \ \ 6 \\ \hline \boxed{2}\ \boxed{2} \end{array}$$

그대로 8 − 6

🌲 그림을 보고 ☐ 안에 알맞은 수를 쓰세요.

①

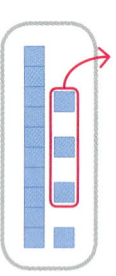

$$\begin{array}{r} 1\ \ 4 \\ -\ \ \ \ 3 \\ \hline \end{array}$$

$$\begin{array}{r} 1\ \ 4 \\ -\ \ \ \ 3 \\ \hline \boxed{1} \end{array}$$

4 − 3

➡

$$\begin{array}{r} 1\ \ 4 \\ -\ \ \ \ 3 \\ \hline \boxed{\ }\ \boxed{1} \end{array}$$

그대로

②

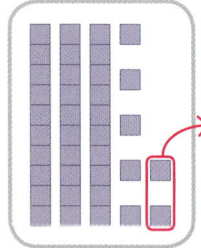

$$\begin{array}{r} 3\ \ 7 \\ -\ \ \ \ 2 \\ \hline \end{array}$$

$$\begin{array}{r} 3\ \ 7 \\ -\ \ \ \ 2 \\ \hline \boxed{\ } \end{array}$$

➡

$$\begin{array}{r} 3\ \ 7 \\ -\ \ \ \ 2 \\ \hline \boxed{\ }\ \boxed{5} \end{array}$$

③

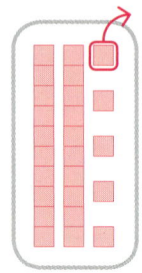

$$\begin{array}{r} 2\ \ 5 \\ -\ \ \ \ 1 \\ \hline \end{array}$$

$$\begin{array}{r} 2\ \ 5 \\ -\ \ \ \ 1 \\ \hline \boxed{\ } \end{array}$$

➡

$$\begin{array}{r} 2\ \ 5 \\ -\ \ \ \ 1 \\ \hline \boxed{\ }\ \boxed{4} \end{array}$$

● 가로셈을 세로셈으로 나타내고 뺄셈을 하세요.

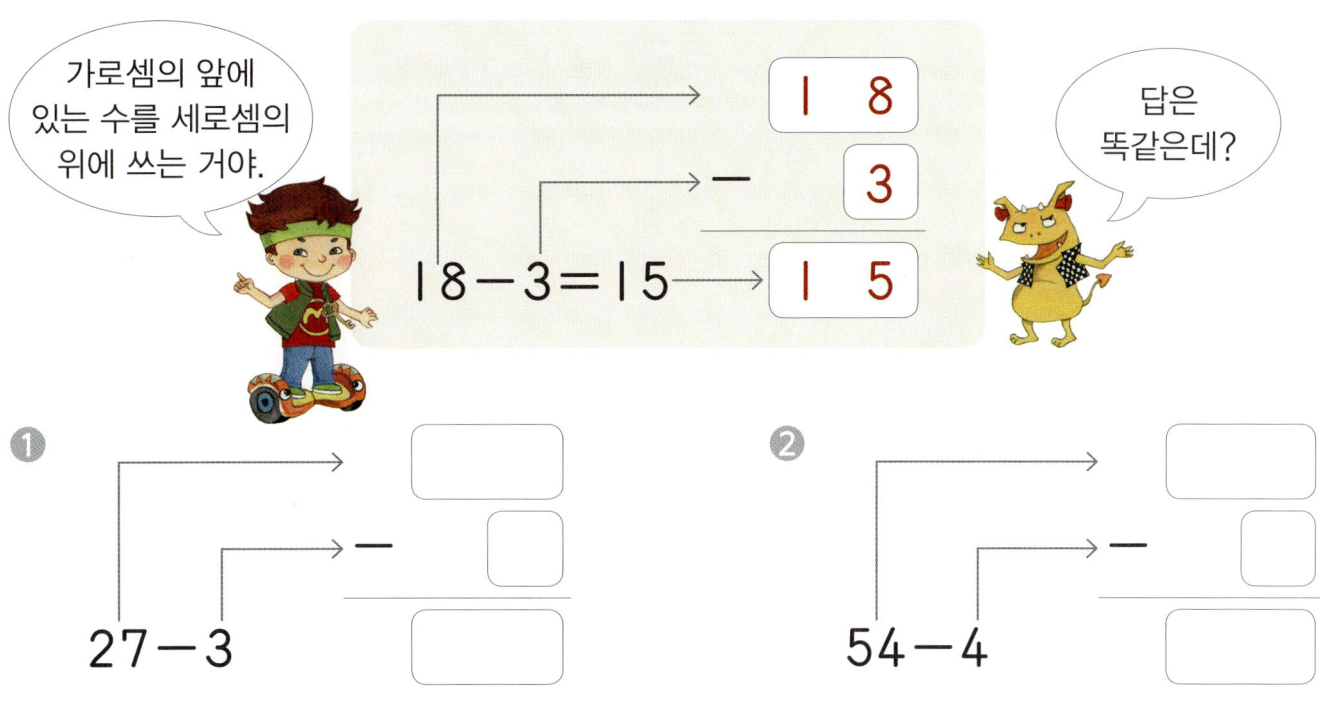

말풍선: 가로셈의 앞에 있는 수를 세로셈의 위에 쓰는 거야.

말풍선: 답은 똑같은데?

$$\begin{array}{r} 1\ 8 \\ -\ 3 \\ \hline 1\ 5 \end{array}$$

18 − 3 = 15

❶
27 − 3

❷
54 − 4

❸
68 − 6

❹
79 − 5

❺
43 − 1

❻
98 − 3

가로셈과 세로셈을 하여 수학 퍼즐을 완성해요.

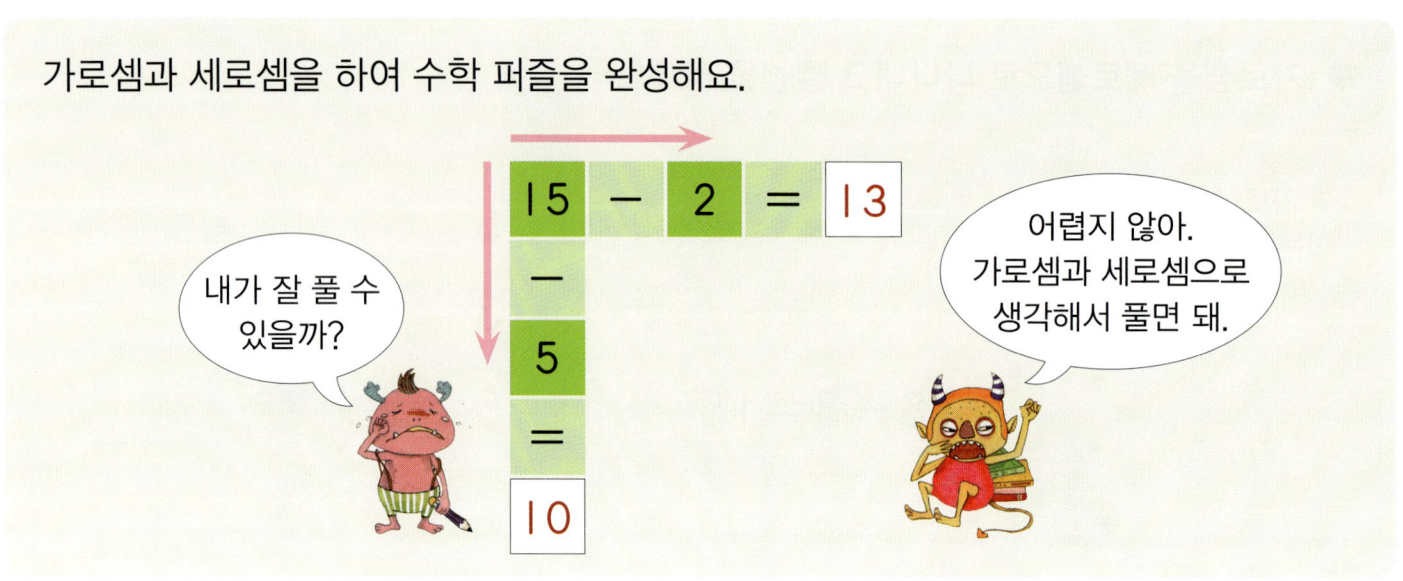

🌳 빈 곳에 알맞은 수를 쓰세요.

① 26 − 3 =
   −
   5
   =

② 38 − 1 =
   −
   2
   =

③ 49 − 8 =
   −
   6
   =

④ 65 − 4 =
   −
   3
   =

🌳 뺄셈을 하세요.

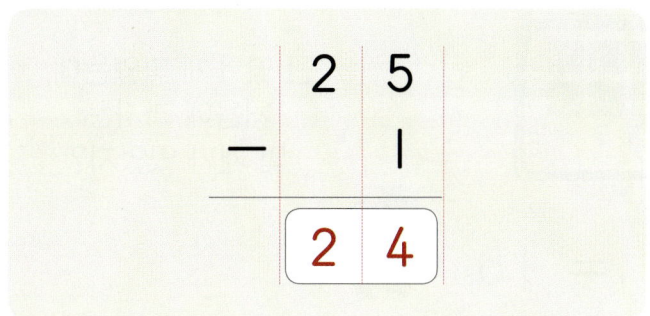

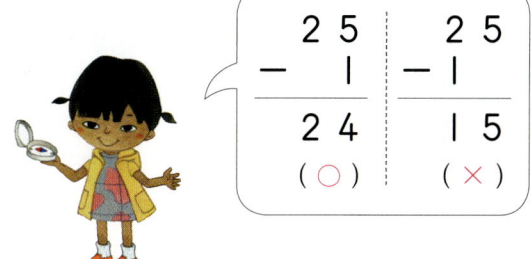

❶
```
    3 4
  -   2
  ┌─────┐
  │     │
  └─────┘
```

❷
```
    6 8
  -   5
  ┌─────┐
  │     │
  └─────┘
```

❸
```
    7 7
  -   6
  ┌─────┐
  │     │
  └─────┘
```

❹
```
    5 6
  -   4
  ┌─────┐
  │     │
  └─────┘
```

❺
```
    1 3
  -   1
  ┌─────┐
  │     │
  └─────┘
```

❻
```
    9 6
  -   3
  ┌─────┐
  │     │
  └─────┘
```

❼
```
    2 9
  -   7
  ┌─────┐
  │     │
  └─────┘
```

❽
```
    4 8
  -   8
  ┌─────┐
  │     │
  └─────┘
```

❾
```
    6 5
  -   2
  ┌─────┐
  │     │
  └─────┘
```

공부한 날

월

일

□가 있는 뺄셈

요괴가 티나의 과자를 몰래 먹어 15개가 남았어요.

분명히 더 많았었는데……. 엉엉~

난 딱 1개 먹었는데. 처음에 과자는 몇 개가 있었지?

$$16 - 1 = 15$$

🌳 먹은 과자의 수만큼 ◯를 그리고 □ 안에 알맞은 수를 쓰세요.

❶

2개

$$\boxed{} - 2 = 11$$

❷

5개

$$\boxed{} - 5 = 13$$

❸

6개

$$\boxed{} - 6 = 22$$

❹

4개

$$\boxed{} - 4 = 25$$

🌳 ⭕ 안에 빼는 수만큼 차례로 수를 쓰고 ⬜ 안에 알맞은 수를 쓰세요.

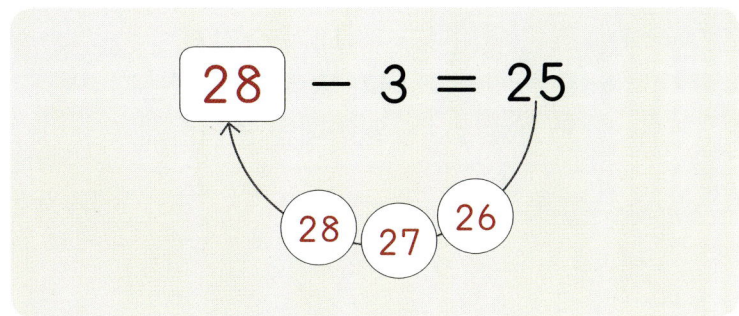

$$28 - 3 = 25$$

□보다 3 작은 수가 25이니까 □는 25보다 3 클 거야.

❶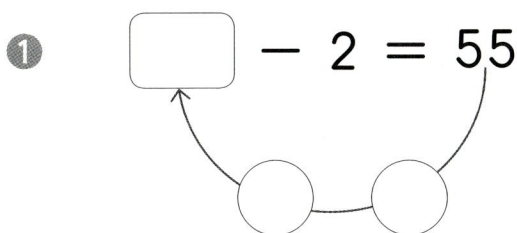

$$\square - 2 = 55$$

❷

$$\square - 1 = 91$$

❸

$$\square - 1 = 30$$

❹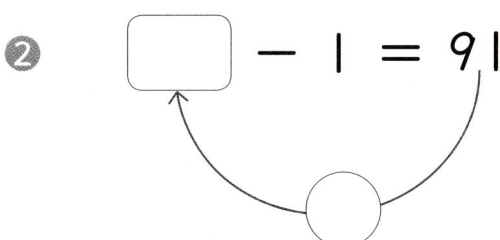

$$\square - 3 = 84$$

❺

$$\square - 2 = 23$$

❻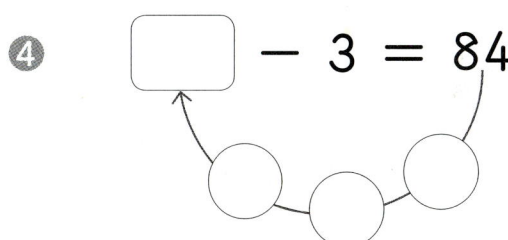

$$\square - 5 = 12$$

책 17권이 꽂혀 있던 책꽂이에서 책 몇 권을 뺐더니 13권만 남았어요.

책 몇 권이 안 보여.

내가 숨겼지. 내가 몇 권을 숨겼는지 알아내면 돌려줄게.

17 − [4] = 13

🌳 ☐ 안에 알맞은 수를 쓰세요.

❶

15권 ➡ 12권

$15 - \boxed{} = 12$

❷

19권 ➡ 15권

$19 - \boxed{} = 15$

❸

16권 ➡ 14권

$16 - \boxed{} = 14$

🌳 그림을 보고 ☐ 안에 알맞은 수를 쓰세요.

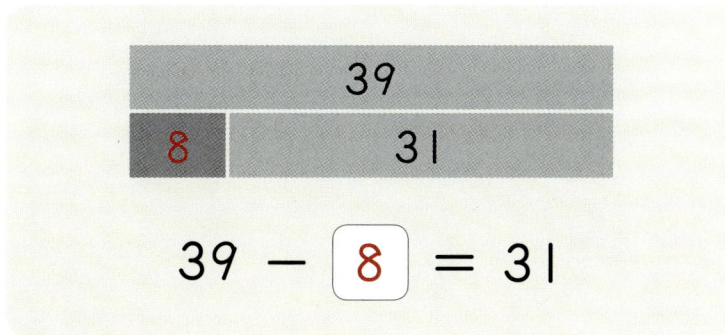

$$39 - \boxed{8} = 31$$

막대 길이의
차이만큼
☐ 안에 쓰면 돼.
$39 - 31 = 8$

①
48
45

$$48 - \boxed{} = 45$$

②
52
50

$$52 - \boxed{} = 50$$

③
29
23

$$29 - \boxed{} = 23$$

④
79
71

$$79 - \boxed{} = 71$$

⑤
67
62

$$67 - \boxed{} = 62$$

⑥
45
44

$$45 - \boxed{} = 44$$

재미있는 뺄셈 연습

🌳 태돌이는 큐리와 티나 중 누구를 만날 수 있을까요? 계산 결과를 따라 가며 선을 잇고 도착한 수에 ◯표 하세요.

알맞은 식이 되도록 빈 곳에 알맞은 수를 쓰세요.

①

$47 - 3 = 44$

47
$-$
5
$=$
$\square$

44
$-$
3
$=$
$\square$

$\square - 1 = \square$

②

$68 - \square = 66$

68
$-$
4
$=$
$\square$

66
$-$
5
$=$
$\square$

$\square - 3 = \square$

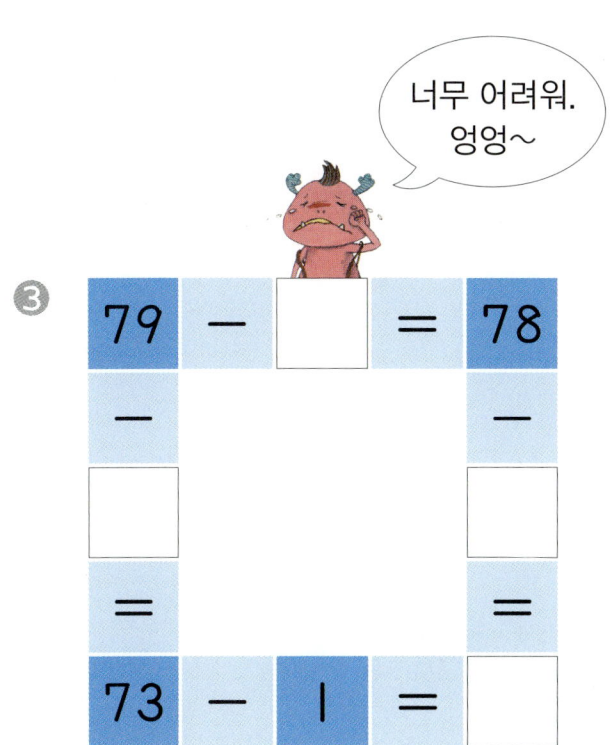

너무 어려워.
엉엉~

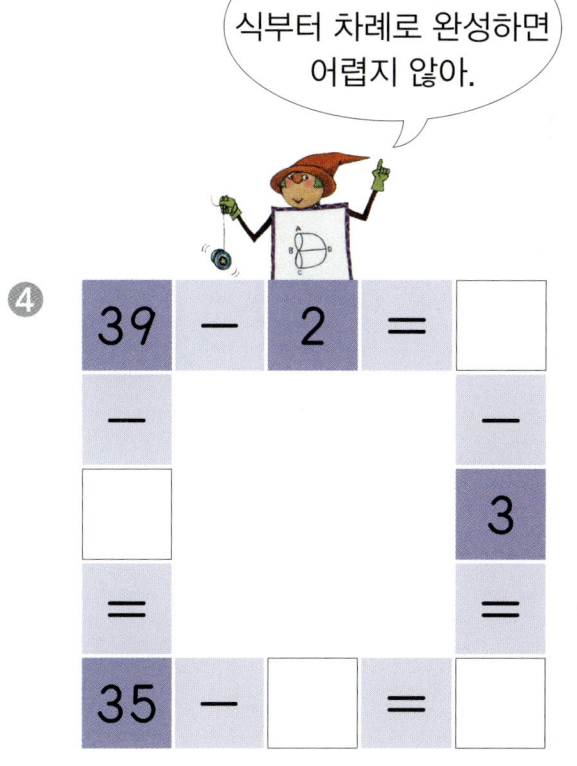

맨 위에 있는
식부터 차례로 완성하면
어렵지 않아.

③

$79 - \square = 78$

79
$-$
$\square$
$=$
$\square$

78
$-$
$\square$
$=$
$\square$

$73 - 1 = \square$

④

$39 - 2 = \square$

39
$-$
$\square$
$=$
$\square$

$\square$
$-$
3
$=$
$\square$

$35 - \square = \square$

올바른 뺄셈식이 되도록 선을 그어 꿀벌의 방을 찾아주세요.

올바른 뺄셈식이 되도록 선을 그으세요.

①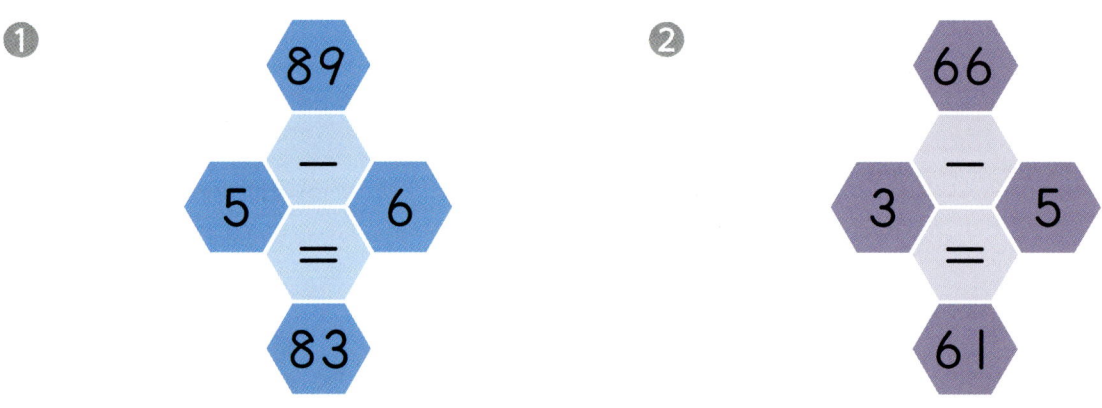

②

③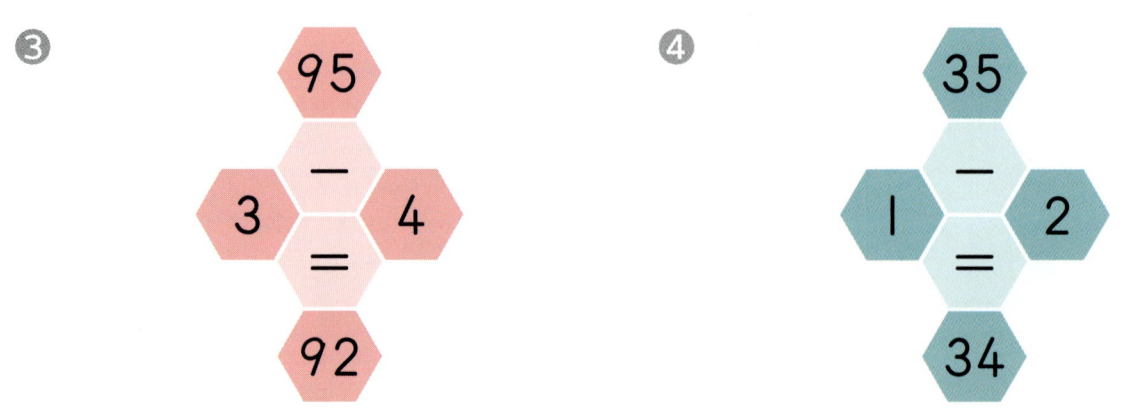

④

🌳 가로 방향과 세로 방향으로 두 수의 차를 각각 구하여 ◯ 안에 쓰세요.

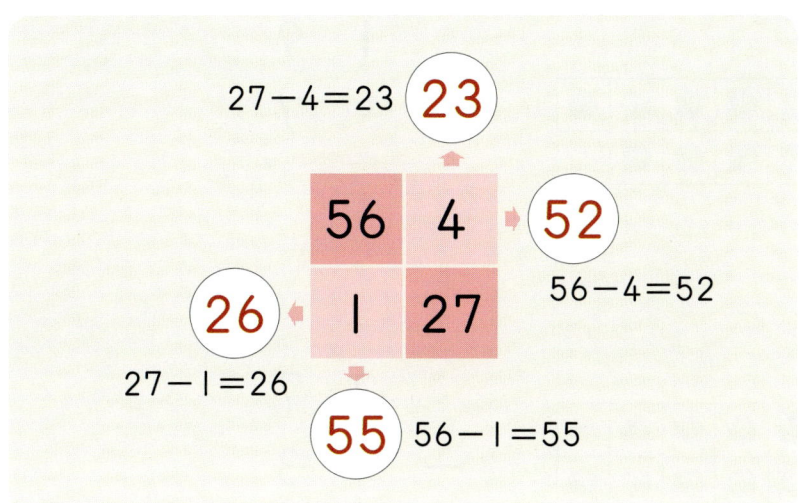

27−4=23 **23**

56 **4** **52**

26 **1** **27**

56−4=52

27−1=26

55 56−1=55

나란히 놓인
큰 수에서
작은 수를 빼야지.

①

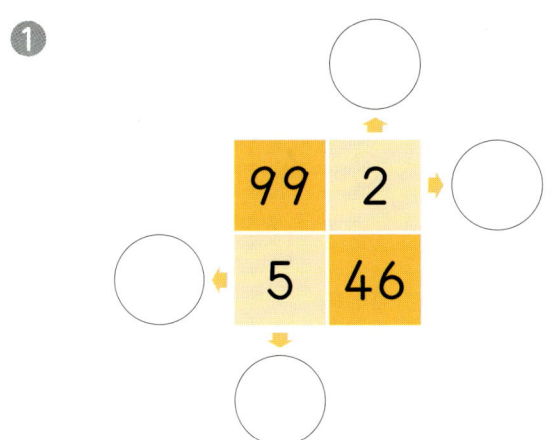

99 **2**

5 **46**

②

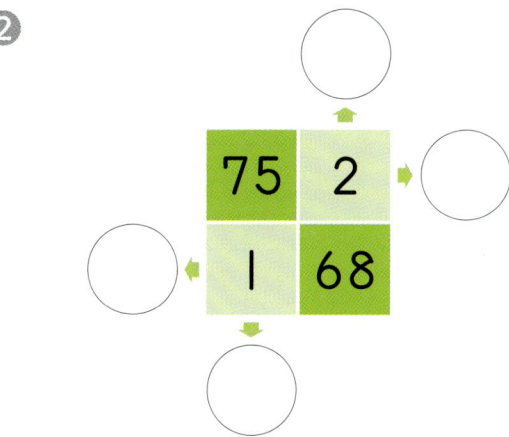

75 **2**

1 **68**

③

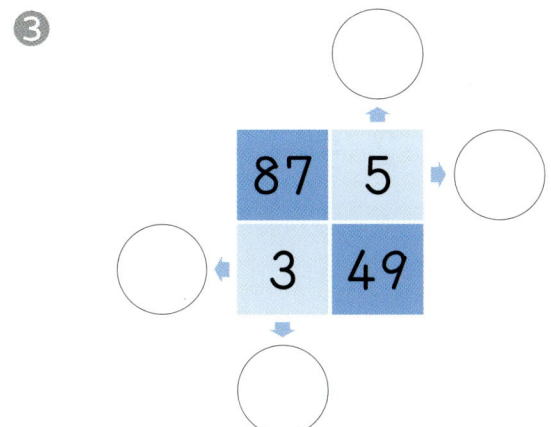

87 **5**

3 **49**

④

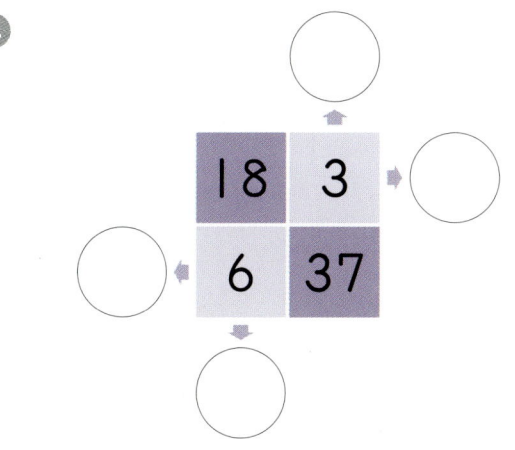

18 **3**

6 **37**

🌲 빼는 수만큼 /로 지우고 뺄셈을 하세요.

❶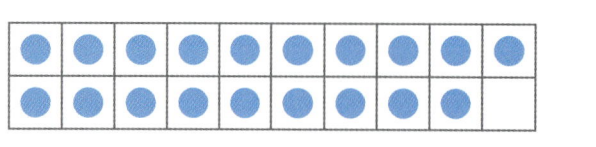

$$
\begin{array}{r}
1\ 9 \\
-\ \ \ 7 \\
\hline
\end{array}
$$

❷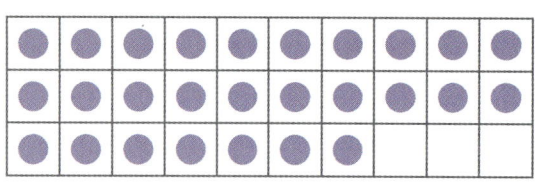

$$
\begin{array}{r}
2\ 7 \\
-\ \ \ 3 \\
\hline
\end{array}
$$

❸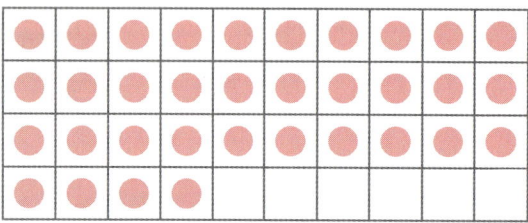

$$
\begin{array}{r}
3\ 4 \\
-\ \ \ 1 \\
\hline
\end{array}
$$

🌲 그림을 보고 뺄셈을 하세요.

❹

11	12	13	14	15	16

$16 - 2 = \boxed{}$

❺

40	41	42	43	44	45

$45 - 4 = \boxed{}$

🌲 가로셈을 세로셈으로 나타내고 뺄셈을 하세요.

⑥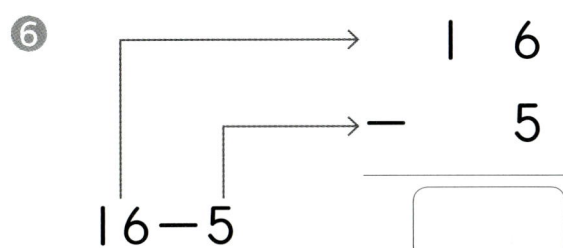

⑦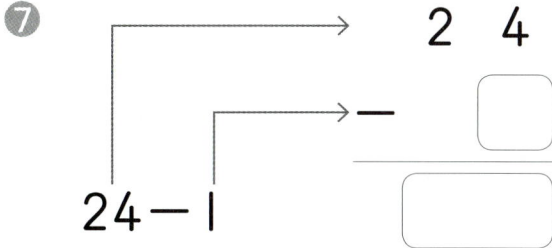

⑧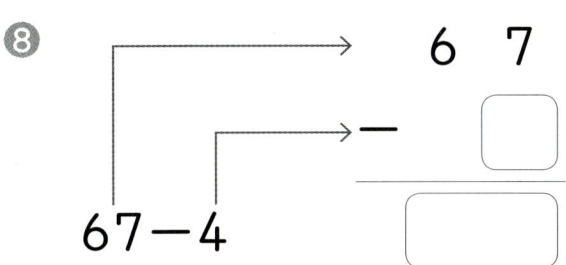

⑨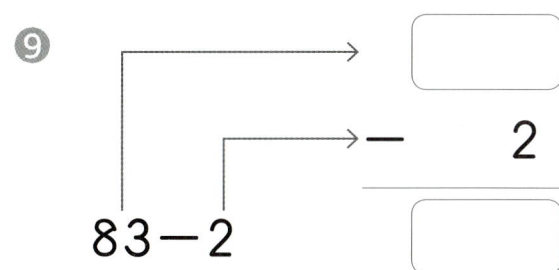

공부한 날

월

일

🌲 그림을 보고 ☐ 안에 알맞은 수를 쓰세요.

⑩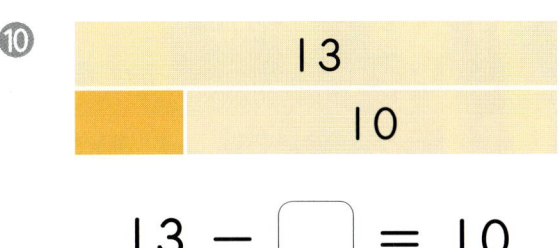

$$13 - \boxed{} = 10$$

⑪
28	
	22

$$28 - \boxed{} = 22$$

⑫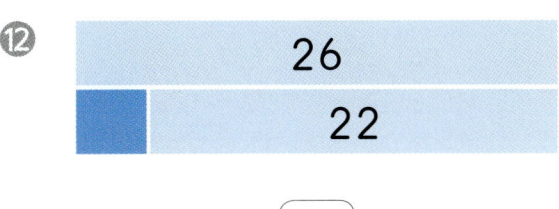

$$26 - \boxed{} = 22$$

⑬
39	
	31

$$39 - \boxed{} = 31$$

받아내림이 없는 뺄셈 27

연산력 게임

QR코드를 찍으면 다양한 연산 게임을 할 수 있어요.

토끼의 식사 시간

토끼가 먹을 수 있는 당근은 어느 것일까요?

뺄셈을 하여 아래에서 알맞은 당근을 찾아 손가락으로 끌어서 빈 곳에 넣으세요.
23을 넣으면 정답입니다.

뺄셈을 하여 기차를 완성하세요.

아래에서 알맞은 기차를 찾아 손가락으로 끌어서 빈 곳에 넣으세요.
56을 넣으면 정답입니다.

칙칙폭폭 뺄셈 기차

받아내림이 있는 뺄셈

▶ 연산 보충 학습(104~105쪽)에서 더 풀어 보세요.

학부모 지도 가이드

이번 차시에서는 받아내림이 있는 (두 자리 수)—(한 자리 수)의 뺄셈을 공부합니다. 십 모형 1개를 낱개 모형 10개로 바꾸는 활동이 뺄셈에서의 받아내림과 어떤 관계가 있는지 그 의미를 아이들이 스스로 발견하도록 도와주세요.

받아내림한 수를 빠뜨리고 계산하는 경우가 있으므로 계산이 익숙해질 때까지는 받아내림한 수를 기록하여 계산하도록 지도합니다.

$$\begin{array}{r} {\overset{1}{\cancel{2}}}\ {\overset{10}{3}} \\ -\ \ \ 9 \\ \hline 1\ \ 4 \end{array}$$

10에서 빼기

태돌이와 티나가 초콜릿 10개를 나누어 가져요.

내가 8개를 가질 테야.

그러면 나는 2개 밖에 못 가지잖아. 너무해.

$$10 - 8 = \boxed{2}$$

🌳 그림을 보고 뺄셈을 하세요.

①

$$10 - 1 = \boxed{}$$

②

$$10 - 7 = \boxed{}$$

③

$$10 - 5 = \boxed{}$$

④

$$10 - 4 = \boxed{}$$

🌳 /로 표시하여 빼는 수만큼 구슬을 가르고 뺄셈을 하세요.

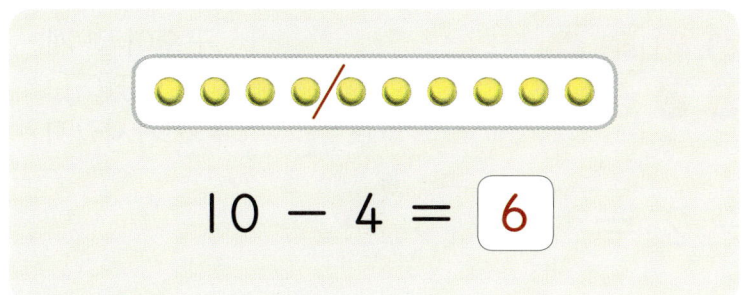

$$10 - 4 = \boxed{6}$$

10은 4와 6으로 가를 수 있어.
10−4=6

①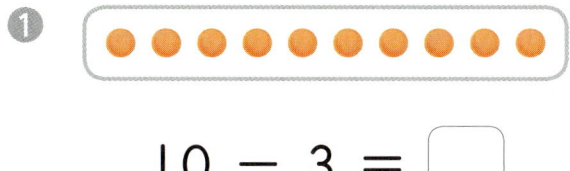

$$10 - 3 = \boxed{}$$

②

$$10 - 6 = \boxed{}$$

③

$$10 - 8 = \boxed{}$$

④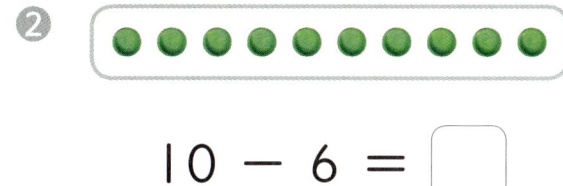

$$10 - 9 = \boxed{}$$

⑤

$$10 - 2 = \boxed{}$$

⑥

$$10 - 1 = \boxed{}$$

⑦

$$10 - 7 = \boxed{}$$

⑧

$$10 - 5 = \boxed{}$$

구슬 10개 중에서 2개를 가져가면 8개가 남아요.

살금살금~
몰래 가서 구슬을
가져와야지.

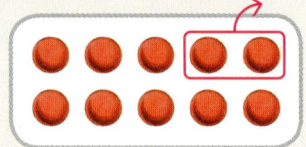

구슬이 몇 개
없어졌어.
누가 가져갔지?

$$10 - 2 = 8$$

🌳 그림을 보고 뺄셈을 하세요.

❶
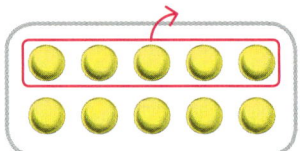
$$10 - 5 = \boxed{}$$

❷
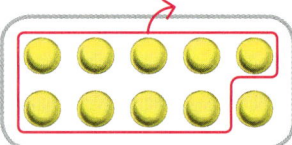
$$10 - 9 = \boxed{}$$

❸
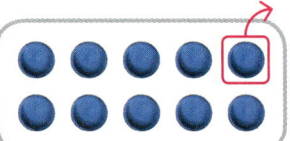
$$10 - 1 = \boxed{}$$

❹
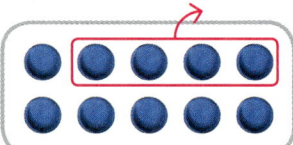
$$10 - 4 = \boxed{}$$

❺
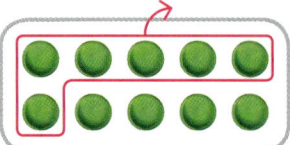
$$10 - 6 = \boxed{}$$

❻
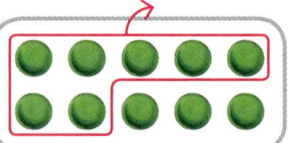
$$10 - 7 = \boxed{}$$

🌳 뺄셈을 하세요.

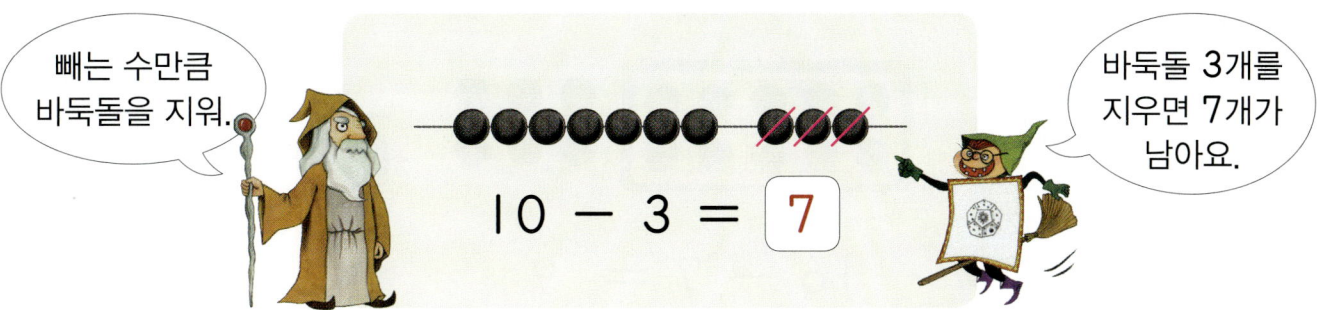

빼는 수만큼 바둑돌을 지워.

바둑돌 3개를 지우면 7개가 남아요.

$10 - 3 = \boxed{7}$

① $10 - 1 = \boxed{}$

② $10 - 6 = \boxed{}$

③ $10 - 8 = \boxed{}$

④ $10 - 7 = \boxed{}$

⑤ $10 - 4 = \boxed{}$

⑥ $10 - 5 = \boxed{}$

⑦ $10 - 2 = \boxed{}$

⑧ $10 - 9 = \boxed{}$

받아내림이 있는 뺄셈

티나가 현우에게 과자를 나누어 줘요.

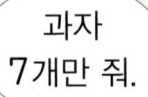
과자 7개만 줘.

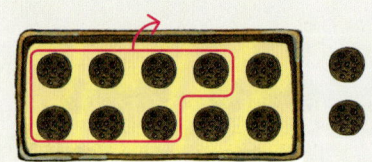

10개 묶음에서 3개, 낱개 6개가 남아.

$$16 - 7 = \boxed{9}$$

🌳 그림을 보고 □ 안에 알맞은 수를 쓰세요.

①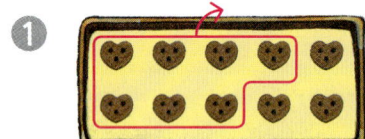

$$14 - 7 = \boxed{}$$

②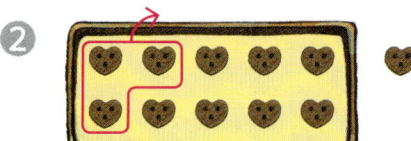

$$11 - 3 = \boxed{}$$

③

$$15 - 6 = \boxed{}$$

④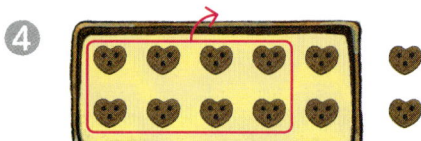

$$12 - 8 = \boxed{}$$

⑤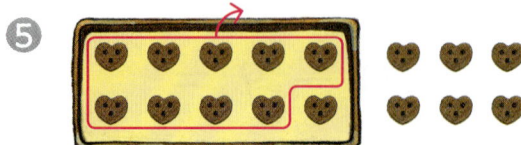

$$16 - 9 = \boxed{}$$

⑥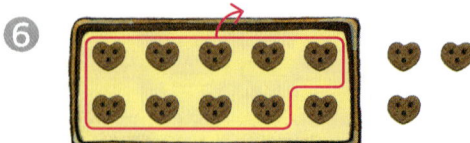

$$13 - 9 = \boxed{}$$

🌲 ☐ 안에 알맞은 수를 쓰세요.

13을 10과 3으로 나누어 생각해 봐.

10에서 6을 뺀 다음 3을 더하면 돼.

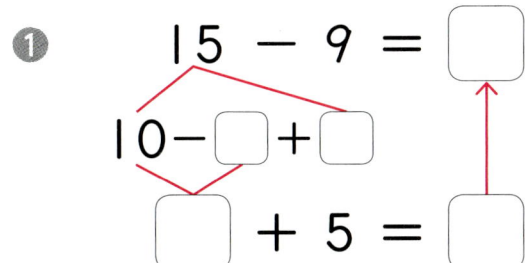

$$13 - 6 = \boxed{7}$$
$$10 - \boxed{6} + \boxed{3}$$
$$\boxed{4} + 3 = \boxed{7}$$

❶
$$15 - 9 = \boxed{}$$
$$10 - \boxed{} + \boxed{}$$
$$\boxed{} + 5 = \boxed{}$$

❷
$$12 - 3 = \boxed{}$$
$$10 - \boxed{} + \boxed{}$$
$$\boxed{} + 2 = \boxed{}$$

❸
$$11 - 2 = \boxed{}$$
$$10 - \boxed{} + \boxed{}$$
$$\boxed{} + 1 = \boxed{}$$

❹
$$16 - 8 = \boxed{}$$
$$10 - \boxed{} + \boxed{}$$
$$\boxed{} + 6 = \boxed{}$$

❺
$$14 - 6 = \boxed{}$$
$$10 - \boxed{} + \boxed{}$$
$$\boxed{} + 4 = \boxed{}$$

❻
$$13 - 9 = \boxed{}$$
$$10 - \boxed{} + \boxed{}$$
$$\boxed{} + 3 = \boxed{}$$

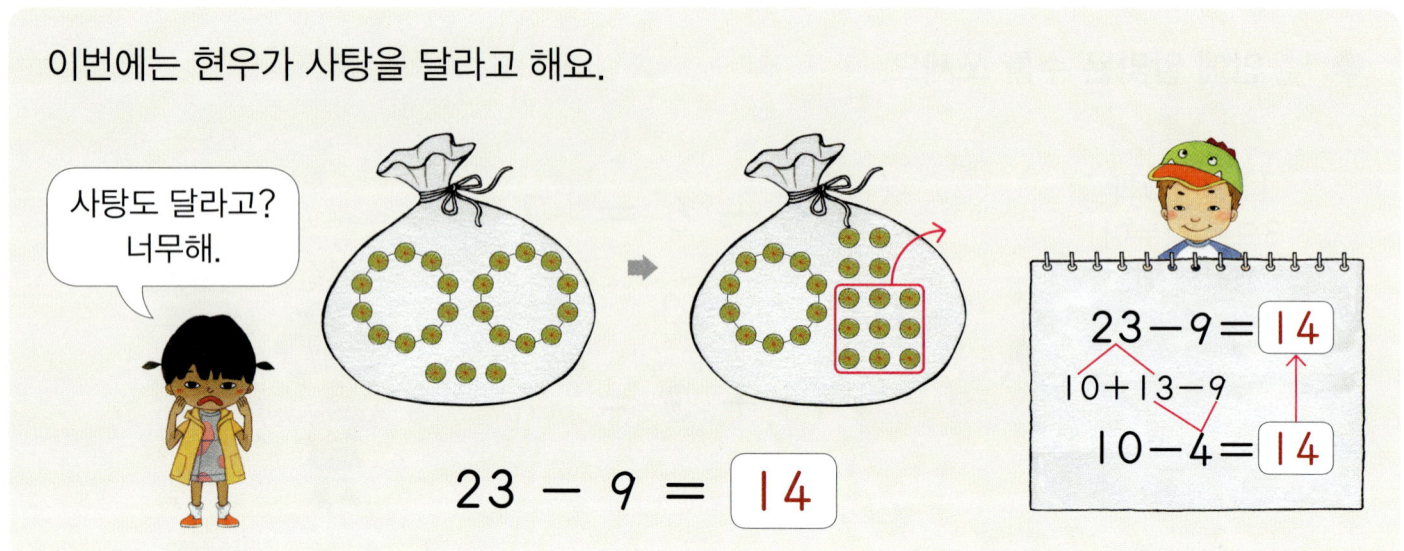

이번에는 현우가 사탕을 달라고 해요.

사탕도 달라고?
너무해.

$23 - 9 = \boxed{14}$

$23 - 9 = \boxed{14}$
$10 + 13 - 9$
$10 - 4 = \boxed{14}$

🌳 ☐ 안에 알맞은 수를 쓰세요.

① $25 - 6 = \boxed{}$

$10 + \boxed{15} - 6$

$10 + \boxed{} = \boxed{}$

② $62 - 5 = \boxed{}$

$50 + \boxed{} - 5$

$50 + \boxed{} = \boxed{}$

③ $81 - 3 = \boxed{}$

$70 + \boxed{} - 3$

$70 + \boxed{} = \boxed{}$

④ $94 - 8 = \boxed{}$

$80 + \boxed{} - 8$

$80 + \boxed{} = \boxed{}$

● 뺄셈을 하세요.

$$54 - 6 = \boxed{48}$$

40   14

먼저 14에서
6을 빼고
40을 더하면 돼.

① $31 - 7 = \boxed{}$

② $44 - 5 = \boxed{}$

공부한 날

월

③ $62 - 3 = \boxed{}$

④ $73 - 8 = \boxed{}$

일

⑤ $27 - 9 = \boxed{}$

⑥ $42 - 9 = \boxed{}$

⑦ $93 - 6 = \boxed{}$

⑧ $81 - 2 = \boxed{}$

⑨ $55 - 8 = \boxed{}$

⑩ $46 - 9 = \boxed{}$

세로셈

일의 자리 수끼리 뺄 수 없으면 십의 자리에서 10을 받아내림하여 계산해요.

세로셈 위에 저 숫자들은 뭐야?

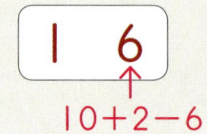

$$\begin{array}{r} \overset{1\ \ \ 10}{\cancel{2}\ \ 2} \\ -\ \ \ 6 \\ \hline \boxed{1\ \ 6} \end{array}$$

10+2−6

받아내림한 수 10을 일의 자리 위에 쓰고 십의 자리 위에는 2보다 1 작은 수를 써.

🌳 ☐ 안에 알맞은 수를 쓰세요.

①
$$\begin{array}{r} 3\ \ 7 \\ -\ \ \ 9 \\ \hline \end{array}$$

$$\begin{array}{r} \overset{2\ \ \ 10}{\cancel{3}\ \ 7} \\ -\ \ \ 9 \\ \hline \boxed{} \end{array}$$
10+7−9=8

➡

$$\begin{array}{r} \overset{2\ \ \ 10}{\cancel{3}\ \ 7} \\ -\ \ \ 9 \\ \hline \boxed{}\ \boxed{} \end{array}$$

②
$$\begin{array}{r} 2\ \ 4 \\ -\ \ \ 8 \\ \hline \end{array}$$

$$\begin{array}{r} \overset{1\ \ \ 10}{\cancel{2}\ \ 4} \\ -\ \ \ 8 \\ \hline \boxed{} \end{array}$$

➡

$$\begin{array}{r} \overset{1\ \ \ 10}{\cancel{2}\ \ 4} \\ -\ \ \ 8 \\ \hline \boxed{}\ \boxed{} \end{array}$$

③
$$\begin{array}{r} 6\ \ 3 \\ -\ \ \ 5 \\ \hline \end{array}$$

$$\begin{array}{r} \overset{5\ \ \ 10}{\cancel{6}\ \ 3} \\ -\ \ \ 5 \\ \hline \boxed{} \end{array}$$

➡

$$\begin{array}{r} \overset{5\ \ \ 10}{\cancel{6}\ \ 3} \\ -\ \ \ 5 \\ \hline \boxed{}\ \boxed{} \end{array}$$

뺄셈을 하세요.

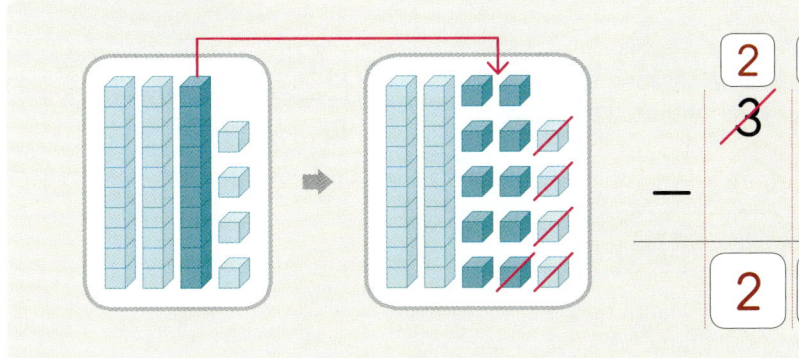

십 모형 1개를
낱개 모형
10개로 바꿔.

①
```
    6  10
    7   5
  -     9
```

②
```
    ☐  ☐
    2   1
  -     4
```

③
```
    ☐  ☐
    6   2
  -     7
```

④
```
    ☐  ☐
    4   3
  -     5
```

⑤
```
    ☐  ☐
    8   7
  -     9
```

⑥
```
    ☐  ☐
    4   1
  -     3
```

⑦
```
    ☐  ☐
    3   4
  -     8
```

⑧
```
    ☐  ☐
    8   6
  -     8
```

⑨
```
    ☐  ☐
    5   4
  -     6
```

빨셈을 바르게 계산하면 정답이 적힌 풍선을 가질 수 있어요.

계산은 큐리가 하고 파란색 풍선은 내가 가질 거야.

🌳 올바른 계산 결과에 ◯표 하세요.

① 58 62 52

$$\begin{array}{r} 6\ 7 \\ -\ \ \ 9 \\ \hline \end{array}$$

② 83 87 89

$$\begin{array}{r} 9\ 3 \\ -\ \ \ 6 \\ \hline \end{array}$$

③ 48 42 46

$$\begin{array}{r} 5\ 2 \\ -\ \ \ 4 \\ \hline \end{array}$$

④ 24 27 25

$$\begin{array}{r} 3\ 1 \\ -\ \ \ 6 \\ \hline \end{array}$$

⑤ 14 16 20

$$\begin{array}{r} 2\ 2 \\ -\ \ \ 8 \\ \hline \end{array}$$

⑥ 82 78 72

$$\begin{array}{r} 8\ 5 \\ -\ \ \ 7 \\ \hline \end{array}$$

🌳 뺄셈을 하세요.

받아내림이 있는
뺄셈이야.

$$\begin{array}{r} \overset{1}{\cancel{2}} \overset{10}{6} \\ - \quad 8 \\ \hline 1 \quad 8 \end{array}$$

십의 자리 숫자는
1 작아지겠네.

❶
$$\begin{array}{r} 7 \ 1 \\ - \quad 3 \\ \hline \end{array}$$

❷
$$\begin{array}{r} 4 \ 5 \\ - \quad 6 \\ \hline \end{array}$$

❸
$$\begin{array}{r} 3 \ 2 \\ - \quad 9 \\ \hline \end{array}$$

❹
$$\begin{array}{r} 2 \ 6 \\ - \quad 7 \\ \hline \end{array}$$

❺
$$\begin{array}{r} 8 \ 3 \\ - \quad 6 \\ \hline \end{array}$$

❻
$$\begin{array}{r} 7 \ 4 \\ - \quad 8 \\ \hline \end{array}$$

❼
$$\begin{array}{r} 6 \ 4 \\ - \quad 9 \\ \hline \end{array}$$

❽
$$\begin{array}{r} 5 \ 4 \\ - \quad 8 \\ \hline \end{array}$$

❾
$$\begin{array}{r} 9 \ 4 \\ - \quad 6 \\ \hline \end{array}$$

공부한 날

월

일

□가 있는 뺄셈

바구니 안의 사과를 5개 먹었더니 사과가 27개 남았어요.

처음에 몇 개가 있었을까?

몰라~ 난 먹기만 했다고.

$$32 - 5 = 27$$

🌳 먹은 사과의 수만큼 ◯를 그리고 □ 안에 알맞은 수를 쓰세요.

① 먹은 사과: 4개

$$\boxed{} - 4 = 19$$

② 먹은 사과: 8개

$$\boxed{} - 8 = 25$$

③ 먹은 사과: 9개

$$\boxed{} - 9 = 26$$

🌳 그림을 보고 ☐ 안에 알맞은 수를 쓰세요.

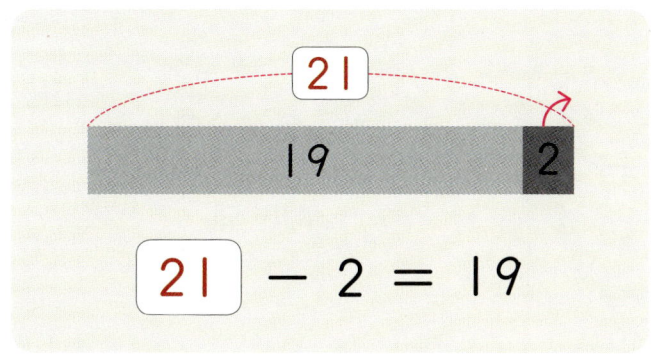

21

| 19 | 2 |

$\boxed{21} - 2 = 19$

2만큼 빼면
19가 남아.
전체는 얼마일까?

①
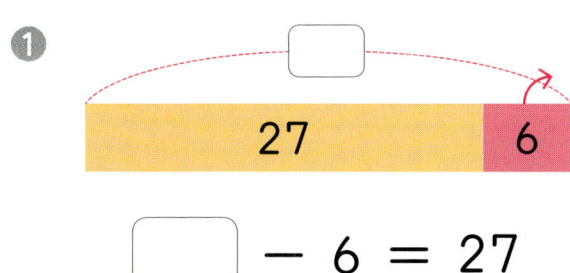

| 27 | 6 |

$\boxed{} - 6 = 27$

②
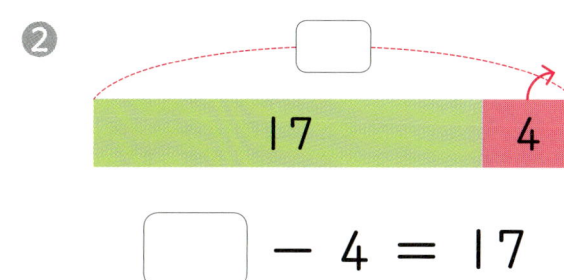

| 17 | 4 |

$\boxed{} - 4 = 17$

③
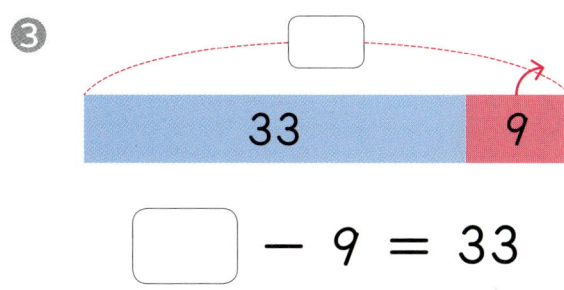

| 33 | 9 |

$\boxed{} - 9 = 33$

④
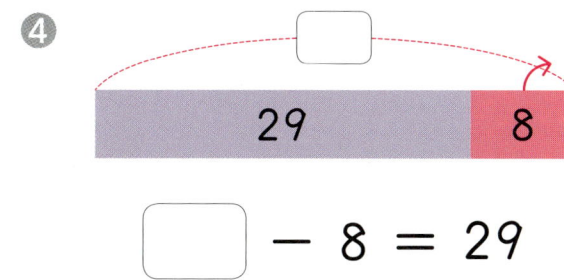

| 29 | 8 |

$\boxed{} - 8 = 29$

⑤
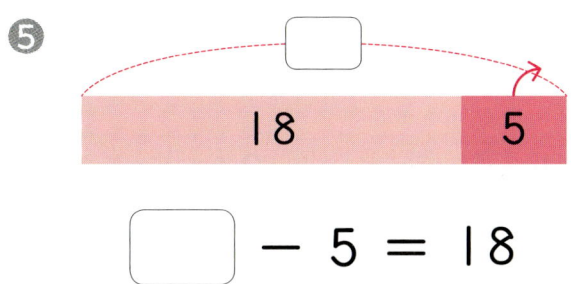

| 18 | 5 |

$\boxed{} - 5 = 18$

⑥
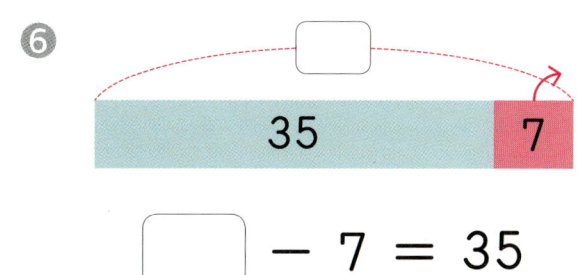

| 35 | 7 |

$\boxed{} - 7 = 35$

달걀 25개 중에서 병아리 몇 마리가 태어났어요.

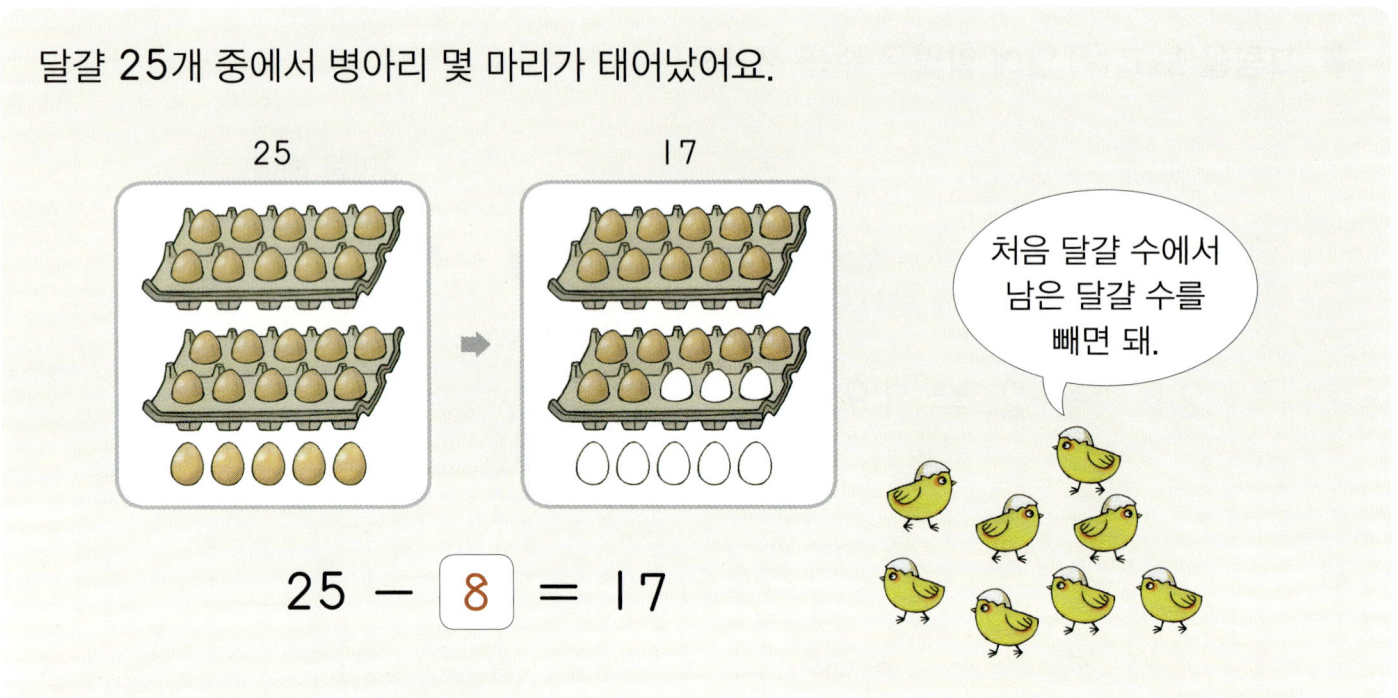

$$25 - \boxed{8} = 17$$

처음 달걀 수에서 남은 달걀 수를 빼면 돼.

🌳 그림을 보고 □ 안에 알맞은 수를 쓰세요.

1

36 ⟶ 29

$$36 - \boxed{} = 29$$

2

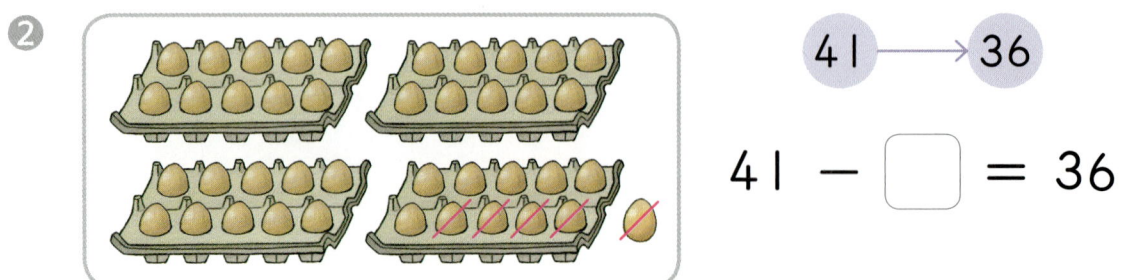

41 ⟶ 36

$$41 - \boxed{} = 36$$

🌳 저금통에서 꺼낸 Ⅰ원짜리 동전의 수만큼 /로 지우고 ☐ 안에 알맞은 수를 쓰세요.

내가 얼마를 꺼냈는지 맞춰 봐.

31원에서 7원을 꺼내면 24원이 남아.

$$31 - \boxed{7} = 24$$

❶

$$21 - \boxed{} = 16$$

❷

$$24 - \boxed{} = 16$$

❸

$$34 - \boxed{} = 28$$

❹

$$35 - \boxed{} = 27$$

❺
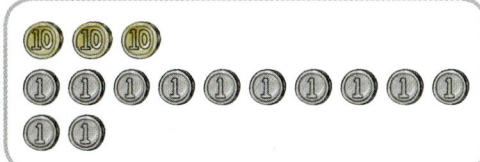

$$42 - \boxed{} = 35$$

❻

$$48 - \boxed{} = 39$$

재미있는 뺄셈 연습

🌳 계산 결과가 작은 것부터 차례로 이으세요.

🌳 계산 결과를 찾아 색칠하세요.

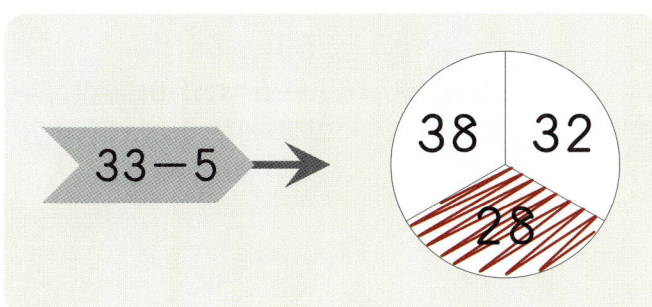

33−5=28이므로 28에 색칠해.

❶ 82−6 → (76 | 88 | 86)

❷ 17−9 → (12 | 8 | 9)

❸ 21−3 → (17 | 18 | 22)

❹ 44−7 → (33 | 43 | 37)

❺ 72−3 → (71 | 61 | 69)

❻ 62−4 → (58 | 67 | 68)

자동차가 갈림길을 지나가려고 해요.

61−4=57,
61−6=55이므로
위쪽 길로 가야지.

🌳 올바른 뺄셈식이 되도록 선을 그으세요.

①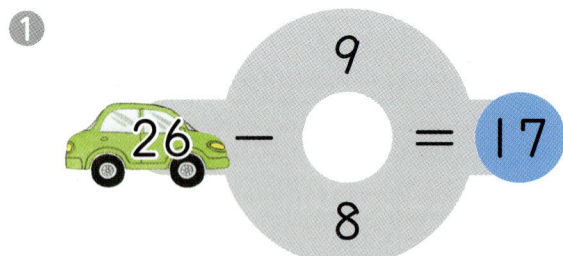

②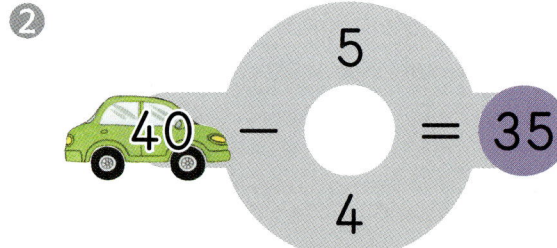

③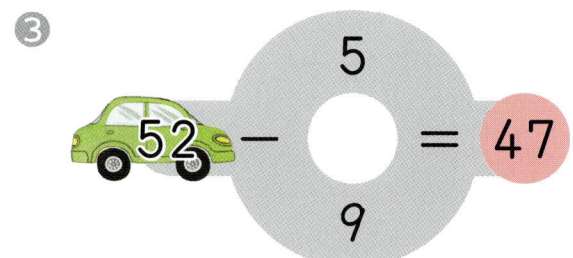

④

⑤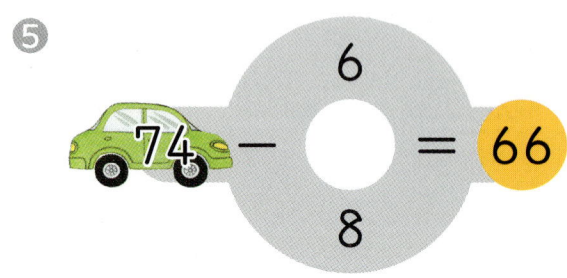

⑥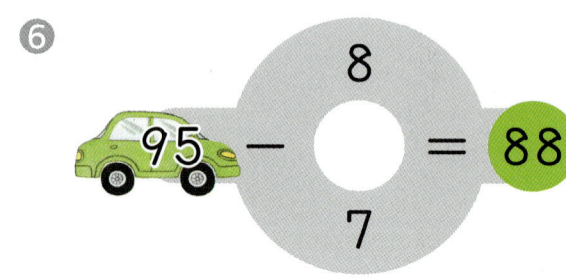

새들이 뺄셈 편지를 우체통에 넣으려고 해요. 알맞은 우체통에 계산 결과를 쓰세요.

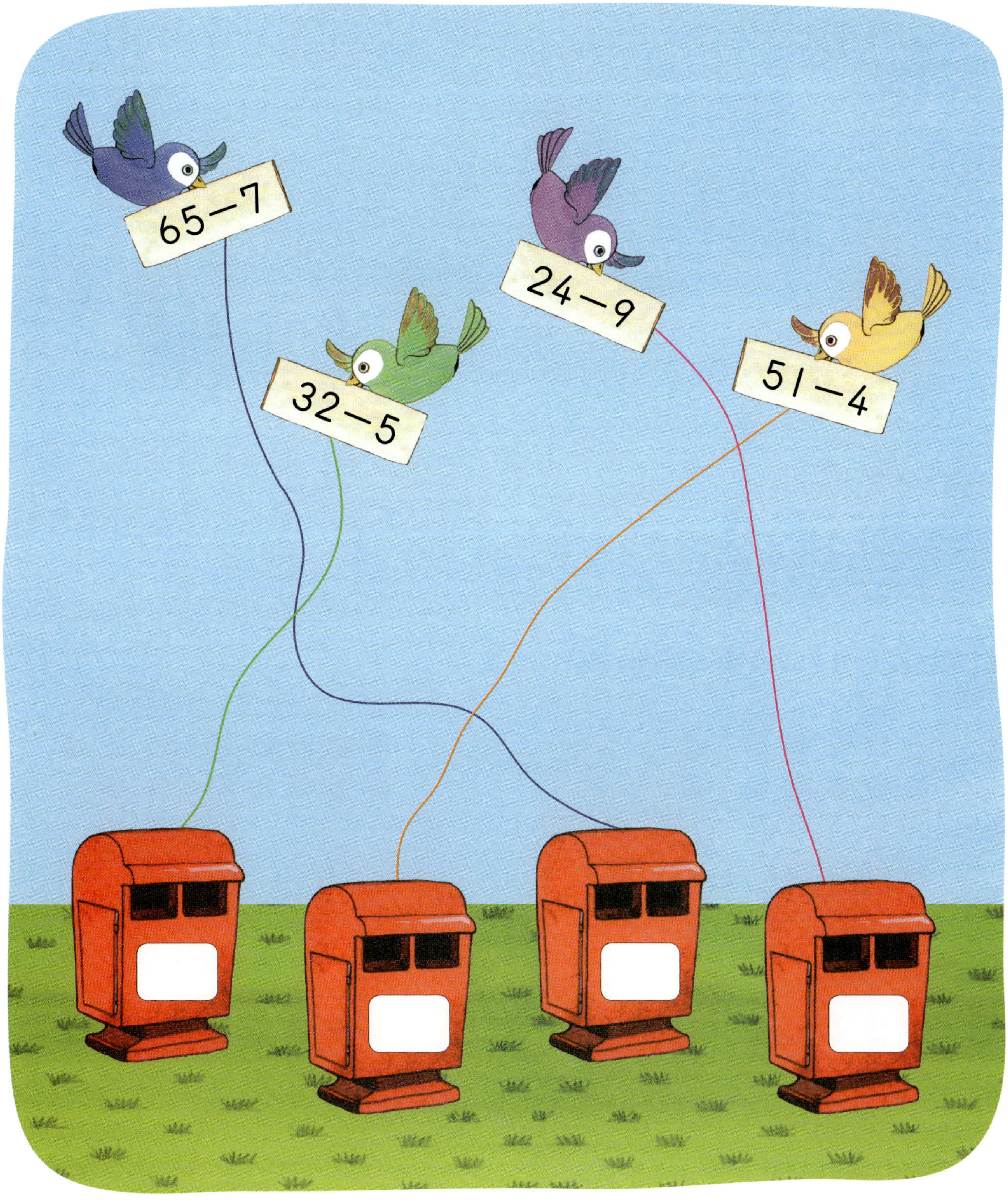
65−7
32−5
24−9
51−4

공부한 날
월
일

🌲 ☐ 안에 알맞은 수를 쓰세요.

❶
$$14 - 7 = \boxed{}$$
$$10 - \boxed{} + 4$$
$$\boxed{} + 4 = \boxed{}$$

❷
$$17 - 9 = \boxed{}$$
$$10 - \boxed{} + \boxed{}$$
$$\boxed{} + 7 = \boxed{}$$

❸
$$32 - 4 = \boxed{}$$
$$20 + \boxed{} - 4$$
$$20 + \boxed{} = \boxed{}$$

❹
$$45 - 8 = \boxed{}$$
$$30 + \boxed{} - 8$$
$$30 + \boxed{} = \boxed{}$$

🌲 빼는 수만큼 /로 지우고 뺄셈을 하세요.

❺

$$12 - 5 = \boxed{}$$

❻
$$15 - 6 = \boxed{}$$

❼
$$16 - 8 = \boxed{}$$

❽
$$18 - 9 = \boxed{}$$

🌲 뺄셈을 하세요.

⑨
```
     □
   1  3
 -    7
 ─────
     □
```

⑩
```
    □  □
    2  2
 -     6
 ──────
    □  □
```

⑪
```
    □  □
    3  4
 -     9
 ──────
    □  □
```

⑫
```
    □  □
    4  1
 -     4
 ──────
    □  □
```

⑬
```
    □  □
    5  6
 -     8
 ──────
    □  □
```

⑭
```
    □  □
    6  4
 -     5
 ──────
    □  □
```

🌲 그림을 보고 □ 안에 알맞은 수를 쓰세요.

⑮
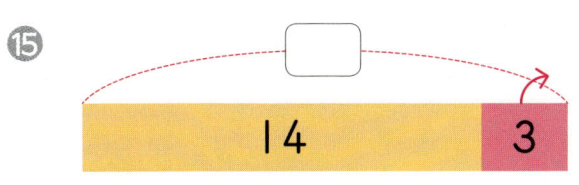
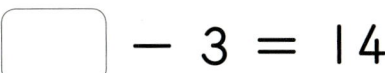

$$\boxed{} - 3 = 14$$

⑯
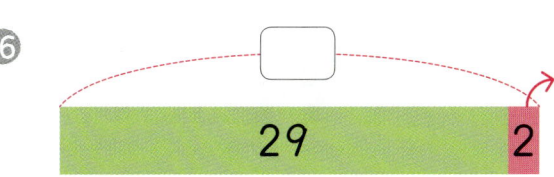

$$\boxed{} - 2 = 29$$

⑰
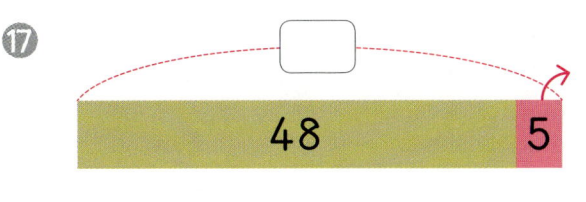

$$\boxed{} - 5 = 48$$

⑱
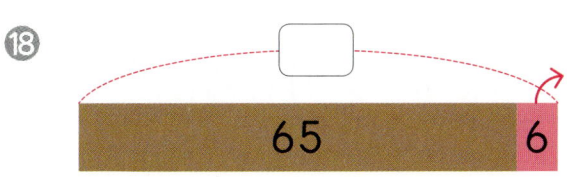

$$\boxed{} - 6 = 65$$

연산력 게임

QR코드를 찍으면 다양한 연산 게임을 할 수 있어요.

신나는 튜브 미끄럼틀

71 − 3

67 68 69

미끄럼틀을 타고 내려가는 튜브는 어느 것일까요?

뺄셈을 하여 알맞은 튜브를 누르세요.
68을 누르면 정답입니다.

계산기를 이용하여 뺄셈을 해 보세요.

오른쪽의 숫자판으로 답을 누른 후 확인 버튼을 누르세요.
87을 누르고 확인 버튼을 누르면 정답입니다.

나는 뺄셈왕

$$93 - 6$$

1 2 3
4 5 6
7 8 9
지우기 0 확인

십, 몇십을 만들어 빼기

연산 보충 학습(106~107쪽)에서 더 풀어 보세요.

학부모 지도 가이드

받아내림이 있는 뺄셈은 10을 이용하여 계산하면 편리함을 알도록 해 주세요.
예를 들어 22−9는 그림과 같이 10을 이용하여 뺄셈을 할 수 있습니다.

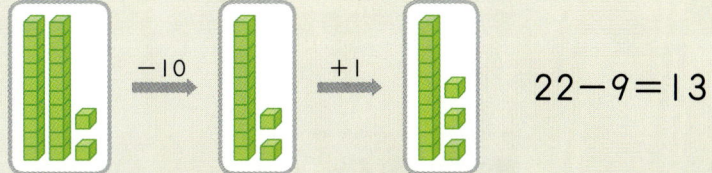

$$22-9=13$$

뺄셈에는 여러 가지 방법이 있으므로 다양한 방법으로 계산하는 것을 유도해 보면서 자신이 편리하다고 생각하는 방법으로 뺄셈 문제를 해결하도록 지도해 주세요.

몇십에서 빼기

지갑에서 동전을 꺼내려고 해요.

$$20 - 8 = \boxed{12}$$

8원을 어떻게 가져가지?

내가 10원짜리 동전 1개를 1원짜리 동전 10개로 바꾸어 주마.

🌳 그림을 보고 뺄셈을 하세요.

❶
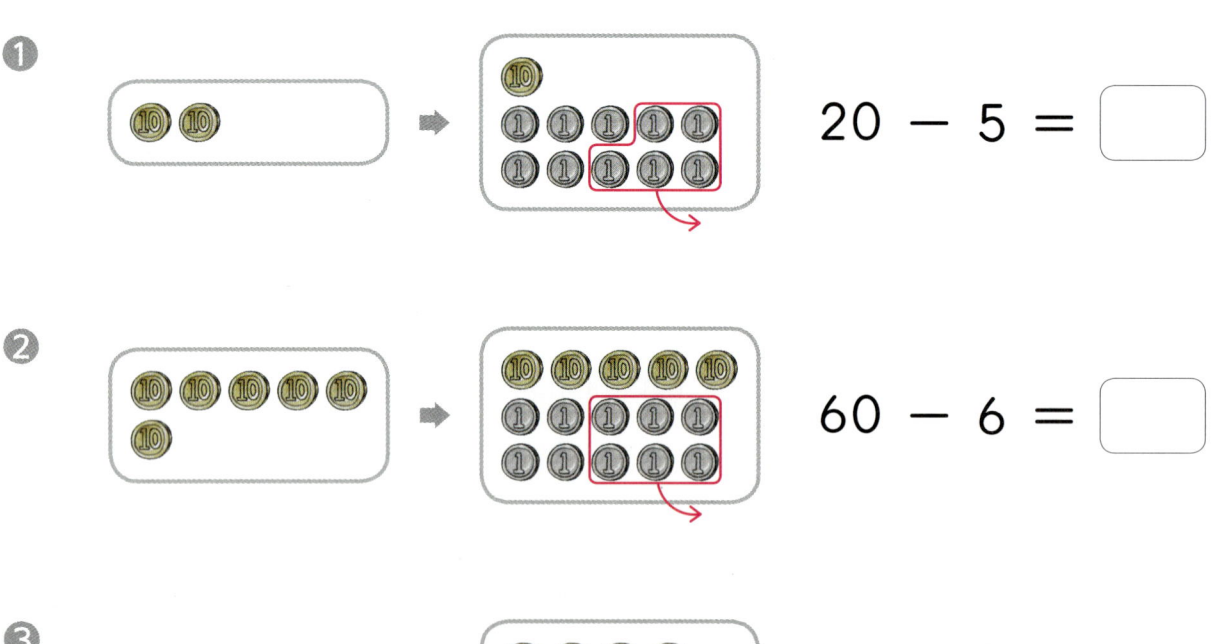
$$20 - 5 = \boxed{}$$

❷
$$60 - 6 = \boxed{}$$

❸
$$50 - 4 = \boxed{}$$

□ 안에 알맞은 수를 쓰세요.

$$60 - 8 = \boxed{52}$$
$$\boxed{50} + 10 - 8$$
$$50 + \boxed{2} = \boxed{52}$$

10에서 8을 빼면 2가 되고 50과 2를 더하면 52가 돼.

①
$$20 - 6 = \boxed{}$$
$$\boxed{} + 10 - 6$$
$$10 + \boxed{} = \boxed{}$$

②
$$30 - 2 = \boxed{}$$
$$\boxed{} + 10 - 2$$
$$20 + \boxed{} = \boxed{}$$

③
$$70 - 5 = \boxed{}$$
$$\boxed{} + 10 - 5$$
$$60 + \boxed{} = \boxed{}$$

④
$$90 - 1 = \boxed{}$$
$$\boxed{} + 10 - 1$$
$$80 + \boxed{} = \boxed{}$$

⑤
$$50 - 9 = \boxed{}$$
$$\boxed{} + 10 - 9$$
$$40 + \boxed{} = \boxed{}$$

⑥
$$80 - 7 = \boxed{}$$
$$\boxed{} + 10 - 7$$
$$70 + \boxed{} = \boxed{}$$

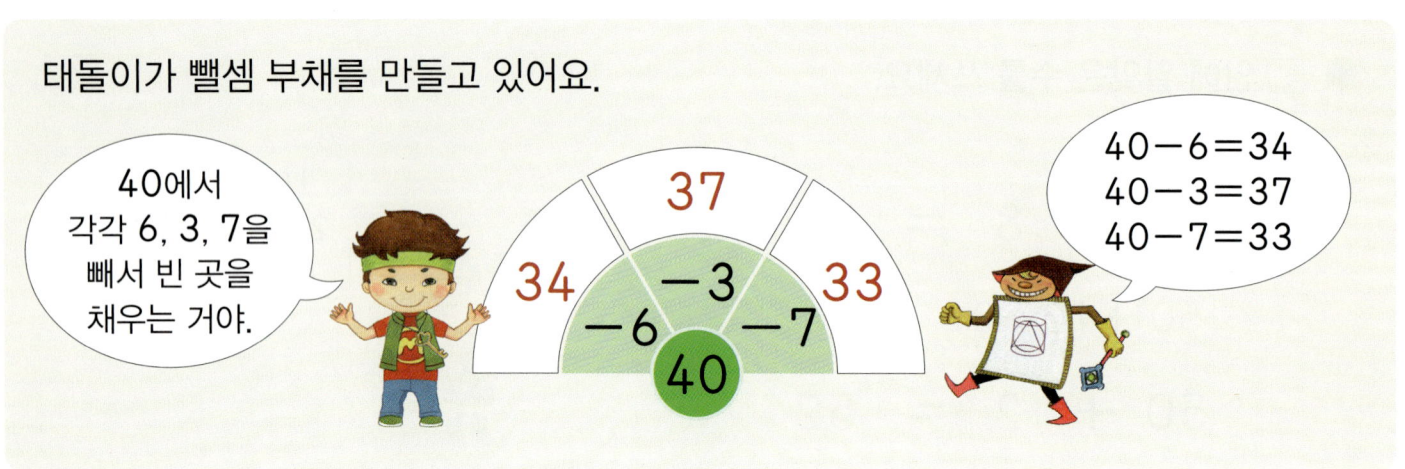

태돌이가 뺄셈 부채를 만들고 있어요.

40에서 각각 6, 3, 7을 빼서 빈 곳을 채우는 거야.

40−6=34
40−3=37
40−7=33

🌳 빈 곳에 알맞은 수를 쓰세요.

①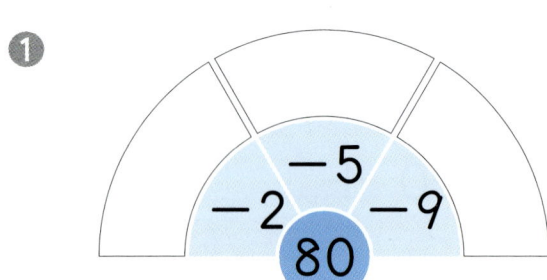

②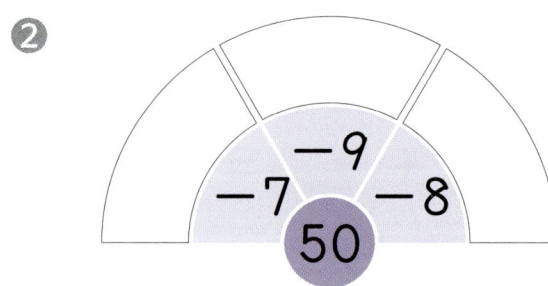

③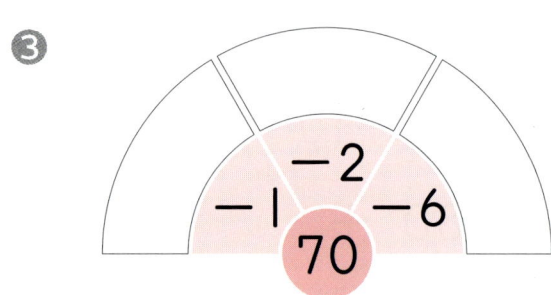

④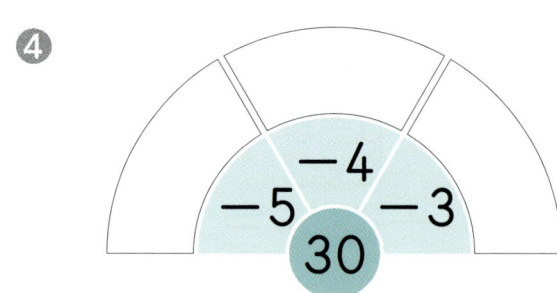

⑤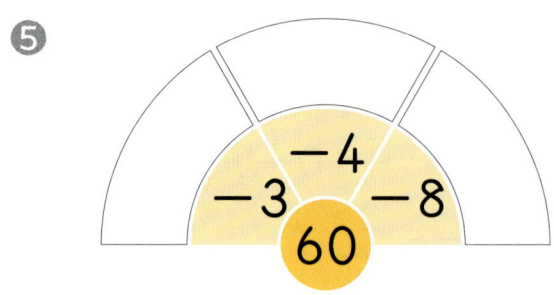

⑥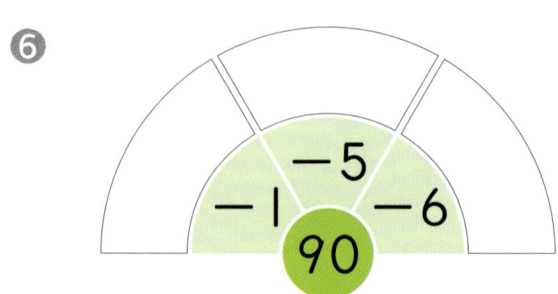

🌳 **뺄셈을 하세요.**

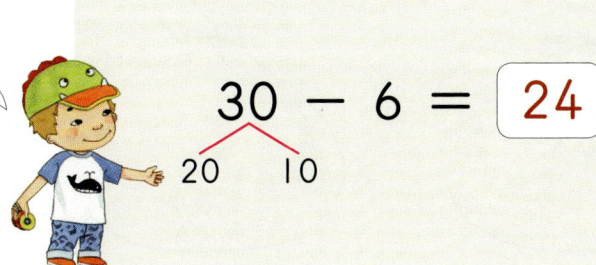

30을 20과 10으로 나누어 생각하는 거야.

$$30 - 6 = 24$$

20   10

생각할수록 머리가 멍해져.

① $50 - 9 = \boxed{}$

② $70 - 3 = \boxed{}$

③ $60 - 4 = \boxed{}$

④ $20 - 1 = \boxed{}$

⑤ $50 - 5 = \boxed{}$

⑥ $90 - 7 = \boxed{}$

⑦ $30 - 2 = \boxed{}$

⑧ $40 - 6 = \boxed{}$

⑨ $80 - 8 = \boxed{}$

⑩ $60 - 3 = \boxed{}$

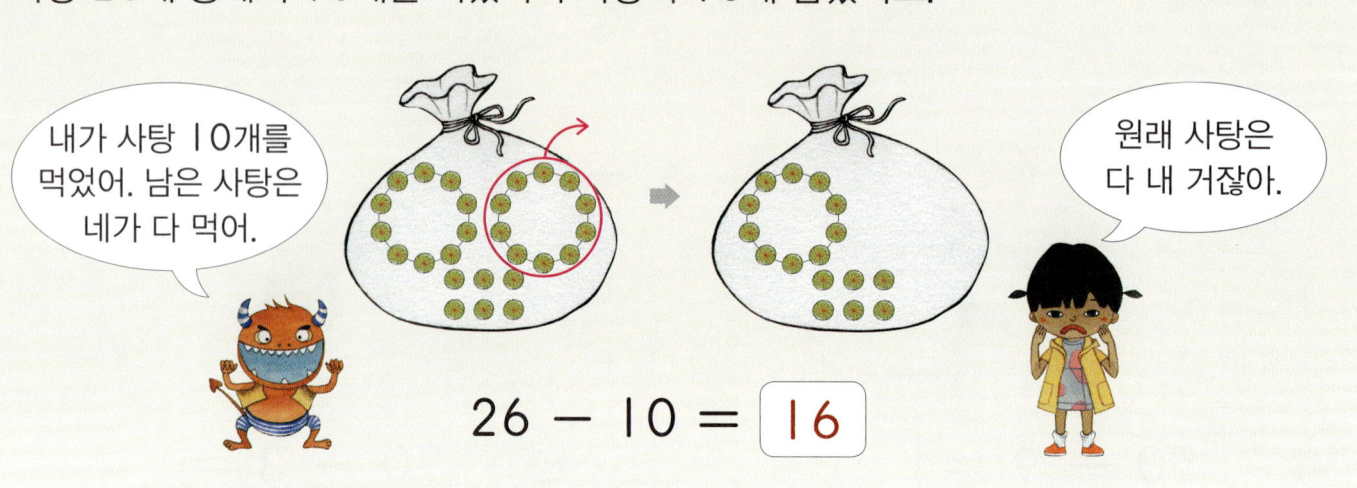

사탕 26개 중에서 10개를 먹었더니 사탕이 16개 남았어요.

내가 사탕 10개를 먹었어. 남은 사탕은 네가 다 먹어.

원래 사탕은 다 내 거잖아.

$$26 - 10 = 16$$

🌳 그림을 보고 ☐ 안에 알맞은 수를 쓰세요.

①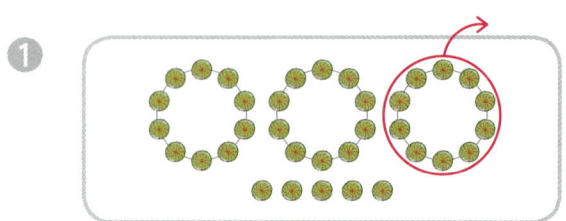

$$35 - 10 = \boxed{}$$

②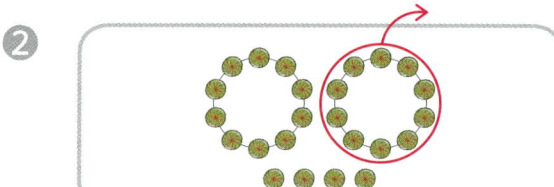

$$24 - 10 = \boxed{}$$

③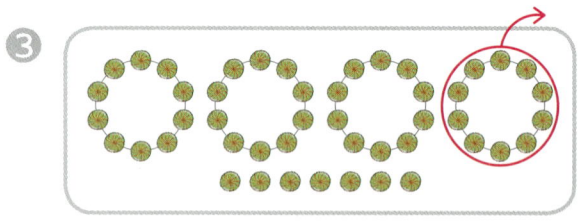

$$47 - 10 = \boxed{}$$

④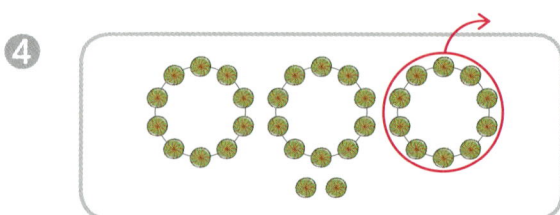

$$32 - 10 = \boxed{}$$

● /로 10원짜리 동전 1개를 지우고 뺄셈을 하세요.

35 − 10 = 25

10원짜리 동전
1개만 꺼냈으니
일의 자리 숫자는
똑같아.

①
61 − 10 = ☐

②
78 − 10 = ☐

③
39 − 10 = ☐

④
54 − 10 = ☐

⑤
85 − 10 = ☐

⑥
28 − 10 = ☐

관계있는 것끼리 선으로 이으세요.

🌳 **뺄셈을 하세요.**

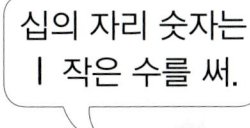

십의 자리 숫자는
1 작은 수를 써.

4 − 1
47 − 10 = [3] [7]
그대로

일의 자리
숫자는 그대로!

① 61 − 10 = ☐

② 49 − 10 = ☐

③ 58 − 10 = ☐

④ 35 − 10 = ☐

⑤ 88 − 10 = ☐

⑥ 62 − 10 = ☐

⑦ 42 − 10 = ☐

⑧ 97 − 10 = ☐

⑨ 29 − 10 = ☐

⑩ 73 − 10 = ☐

공부한 날

월

일

10을 이용하여 빼기

큐리가 테이프를 이용하여 뺄셈을 해요.

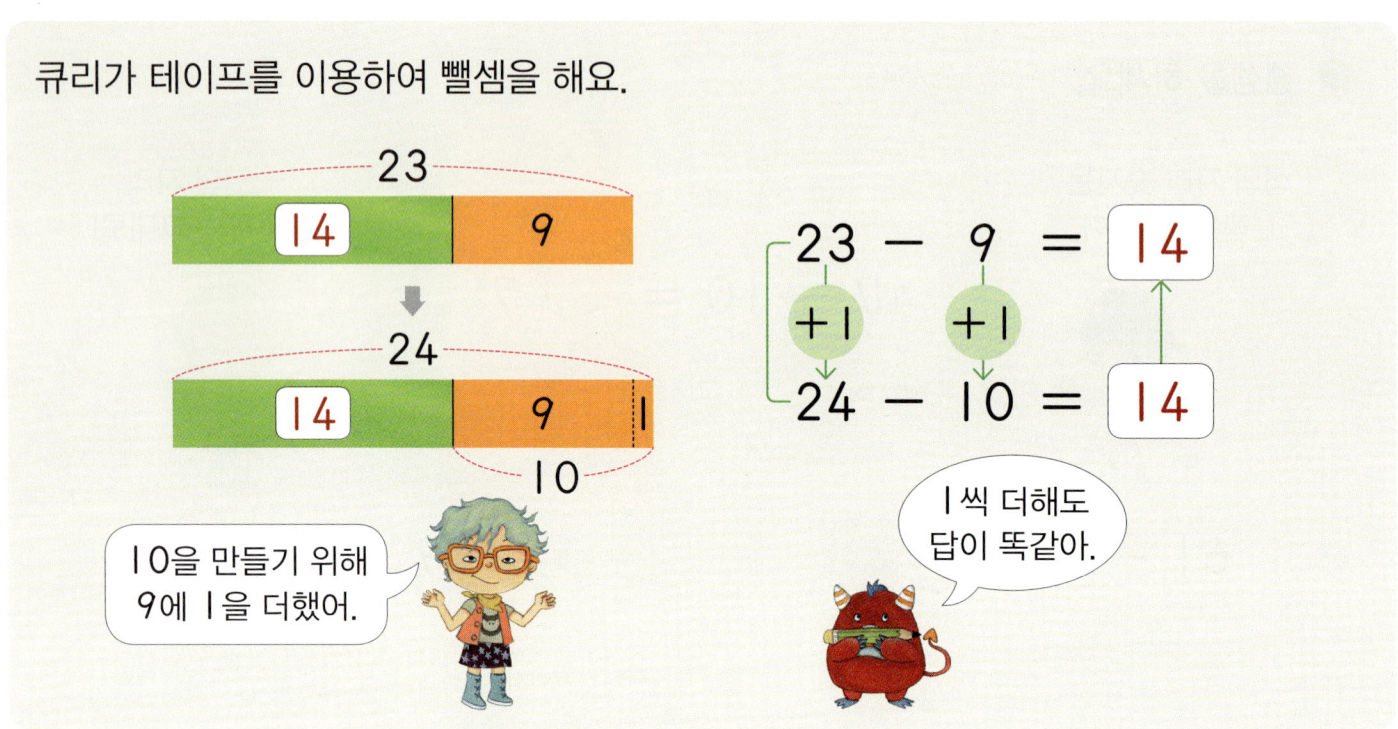

23 − 9 = 14
+1   +1
24 − 10 = 14

10을 만들기 위해 9에 1을 더했어.

1씩 더해도 답이 똑같아.

🌳 그림을 보고 ☐ 안에 알맞은 수를 쓰세요.

❶

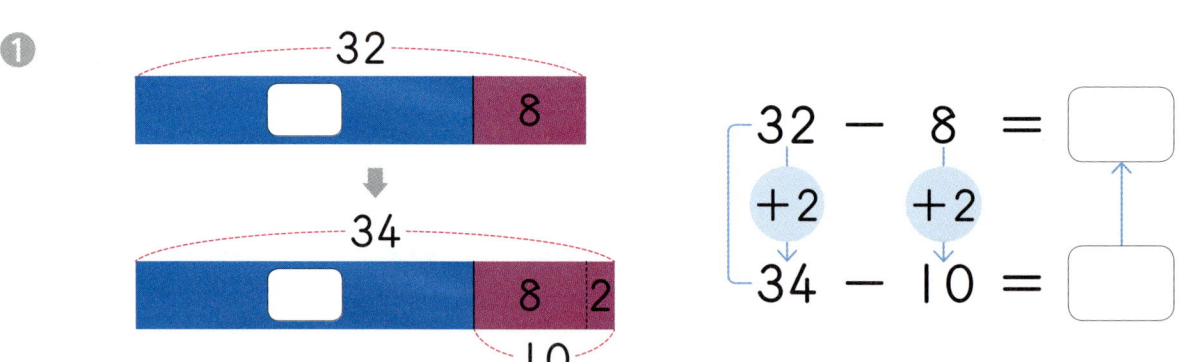

32 − 8 = ☐
+2   +2
34 − 10 = ☐

❷

26 − 9 = ☐
+1   +1
27 − 10 = ☐

🌳 ☐ 안에 알맞은 수를 쓰세요.

$$35 - 7 = \boxed{28}$$
$$\downarrow{+3} \qquad \downarrow{+3} \qquad \uparrow$$
$$\boxed{38} - 10 = \boxed{28}$$

빼어지는 수와
빼는 수에 똑같이
3을 더해.

① $$45 - 9 = \boxed{}$$
$$\downarrow{+1} \qquad \downarrow{+1}$$
$$\boxed{} - 10 = \boxed{}$$

② $$53 - 8 = \boxed{}$$
$$\downarrow{+2} \qquad \downarrow{+2}$$
$$\boxed{} - 10 = \boxed{}$$

③ $$84 - 8 = \boxed{}$$
$$\downarrow{+2} \qquad \downarrow{+2}$$
$$\boxed{} - 10 = \boxed{}$$

④ $$71 - 7 = \boxed{}$$
$$\downarrow{+3} \qquad \downarrow{+3}$$
$$\boxed{} - 10 = \boxed{}$$

⑤ $$62 - 9 = \boxed{}$$
$$\downarrow{+1} \qquad \downarrow{+1}$$
$$\boxed{} - 10 = \boxed{}$$

⑥ $$96 - 9 = \boxed{}$$
$$\downarrow{+1} \qquad \downarrow{+1}$$
$$\boxed{} - 10 = \boxed{}$$

티나가 수 모형을 이용하여 뺄셈을 하고 있어요.

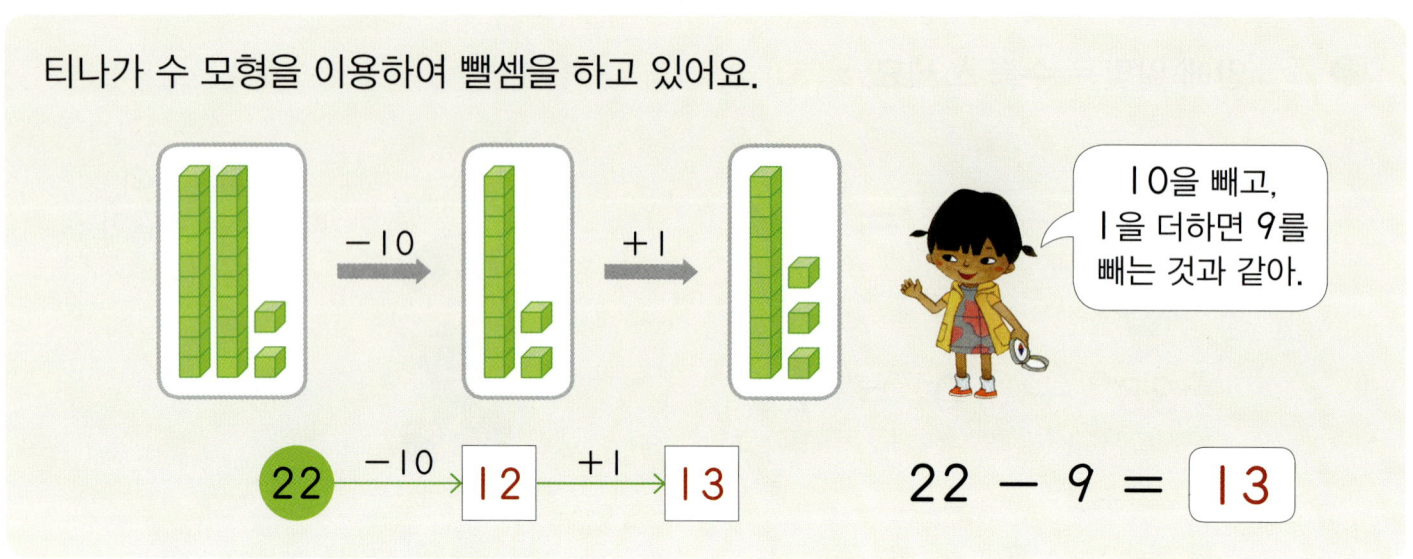

10을 빼고,
1을 더하면 9를
빼는 것과 같아.

$$22 - 9 = 13$$

🌳 빈 곳에 알맞은 수를 쓰세요.

① 72 $\xrightarrow{-10}$ ☐ $\xrightarrow{+1}$ ☐

$$72 - 9 = \boxed{}$$

② 34 $\xrightarrow{-10}$ ☐ $\xrightarrow{+2}$ ☐

$$34 - 8 = \boxed{}$$

③ 85 $\xrightarrow{-10}$ ☐ $\xrightarrow{+3}$ ☐

$$85 - 7 = \boxed{}$$

④ 28 $\xrightarrow{-10}$ ☐ $\xrightarrow{+1}$ ☐

$$28 - 9 = \boxed{}$$

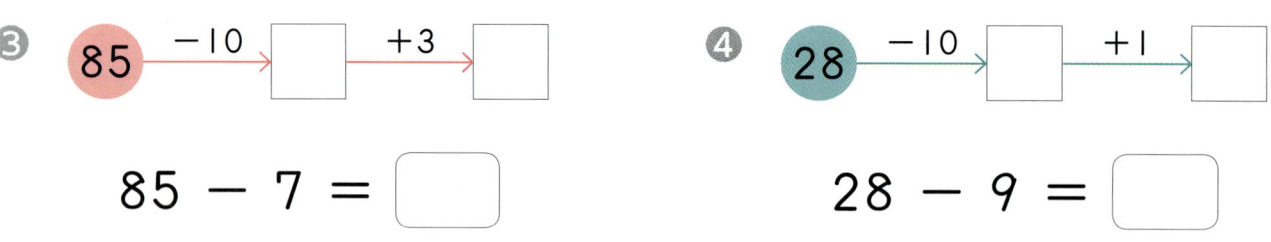

⑤ 61 $\xrightarrow{-10}$ ☐ $\xrightarrow{+2}$ ☐

$$61 - 8 = \boxed{}$$

⑥ 43 $\xrightarrow{-10}$ ☐ $\xrightarrow{+1}$ ☐

$$43 - 9 = \boxed{}$$

🌳 10을 이용하여 뺄셈을 하세요.

8을 빼는 것은
10을 빼고, 다시 2를
더하는 것과 같아.

$$\overset{-10}{\underset{64 \quad 54}{\curvearrowright}} \overset{+2}{\underset{54 \quad 56}{\curvearrowright}}$$

$64 - 8 = \boxed{56}$

나도 알아.
난 꿈 속에서도
공부해.

① $55 - 8 =$ ☐

② $26 - 9 =$ ☐

공부한 날

월

일

③ $41 - 7 =$ ☐

④ $73 - 8 =$ ☐

⑤ $92 - 9 =$ ☐

⑥ $34 - 7 =$ ☐

⑦ $63 - 8 =$ ☐

⑧ $81 - 9 =$ ☐

⑨ $22 - 8 =$ ☐

⑩ $54 - 9 =$ ☐

334

몇십을 이용하여 계산하기

태돌이와 티나가 수 모형을 이용하여 뺄셈을 해요.

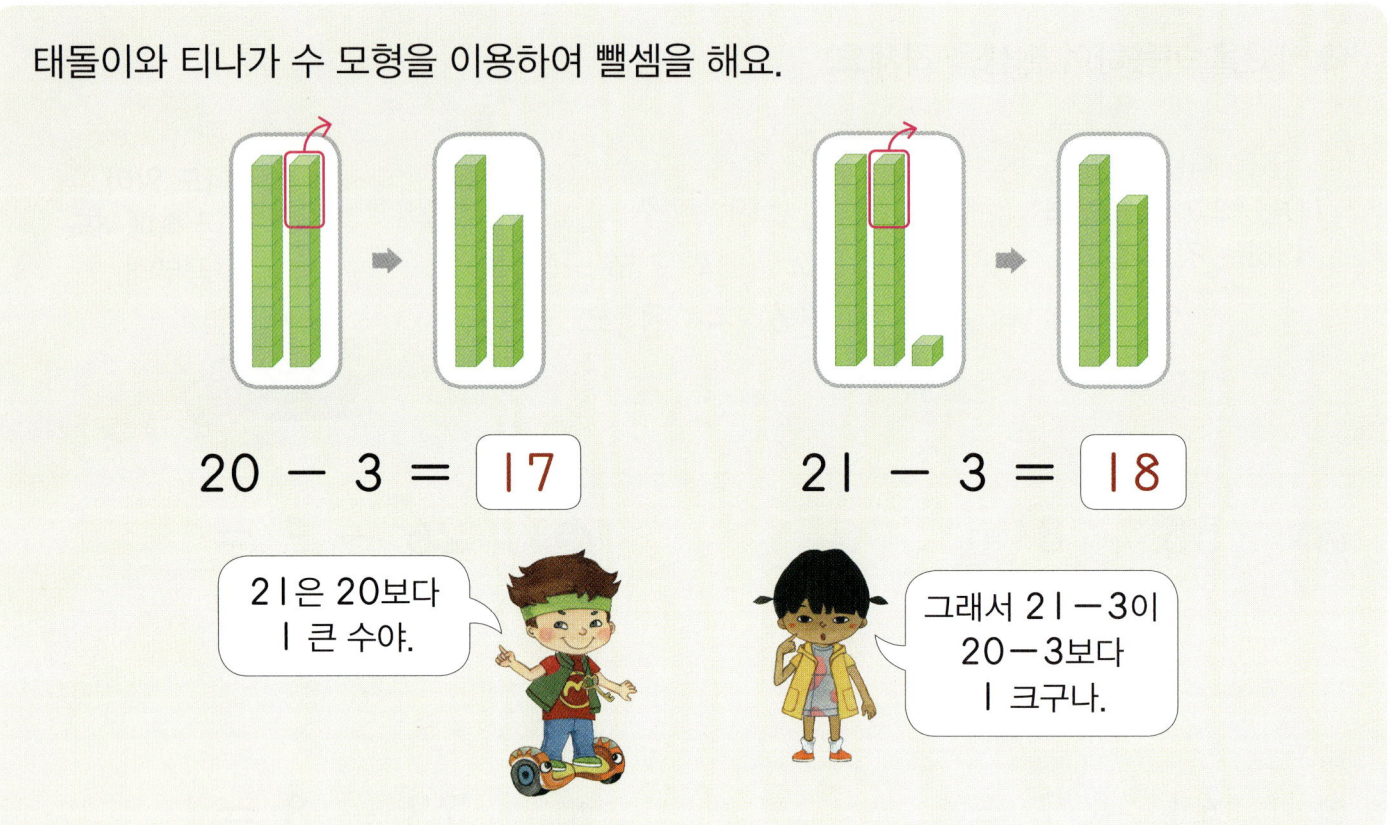

$$20 - 3 = \boxed{17}$$

$$21 - 3 = \boxed{18}$$

21은 20보다 1 큰 수야.

그래서 21 − 3이 20 − 3보다 1 크구나.

🌳 ☐ 안에 알맞은 수를 쓰세요.

❶
$$20 - 8 = \boxed{}$$
$$+5 \qquad\qquad +5$$
$$25 - 8 = \boxed{}$$

❷
$$60 - 4 = \boxed{}$$
$$+1 \qquad\qquad +1$$
$$61 - 4 = \boxed{}$$

❸
$$50 - 8 = \boxed{}$$
$$+4 \qquad\qquad +4$$
$$54 - 8 = \boxed{}$$

❹
$$30 - 6 = \boxed{}$$
$$+5 \qquad\qquad +5$$
$$35 - 6 = \boxed{}$$

🌳 **몇십을 이용하여 뺄셈을 하세요.**

$$40 - 5 = 35$$
$$+3 \qquad +3$$
$$43 - 5 = \boxed{38}$$

43이 40보다 3 큰 수라는 걸 생각해.

❶ $25 - 7 = \boxed{}$

❷ $61 - 5 = \boxed{}$

❸ $54 - 7 = \boxed{}$

❹ $35 - 8 = \boxed{}$

❺ $81 - 3 = \boxed{}$

❻ $94 - 7 = \boxed{}$

❼ $43 - 5 = \boxed{}$

❽ $76 - 9 = \boxed{}$

❾ $95 - 9 = \boxed{}$

❿ $62 - 8 = \boxed{}$

현우가 수 카드를 이용하여 뺄셈을 해요.

$$24 - 9 = 15$$

$$20 - 9 + 4$$

$$11 + 4 = 15$$

24를 20과 4로
갈랐어.

🌳 ☐ 안에 알맞은 수를 쓰세요.

① $36 - 8 = $ ☐

$30 - 8 + 6$

$22 + 6 = $ ☐

② $52 - 5 = $ ☐

☐ $- 5 + $ ☐

☐ $+ $ ☐ $ = $ ☐

③ $93 - 7 = $ ☐

☐ $- 7 + $ ☐

☐ $+ $ ☐ $ = $ ☐

④ $61 - 4 = $ ☐

☐ $- 4 + $ ☐

☐ $+ $ ☐ $ = $ ☐

● 뺄셈을 하세요.

수 가르기를
기억해 봐.

$$83 - 6 = \boxed{77}$$

80−6+3

74+3

이 정도 뺄셈은
이제 쉽지?

① $52 - 4 = \boxed{}$

② $34 - 5 = \boxed{}$

③ $31 - 5 = \boxed{}$

④ $86 - 8 = \boxed{}$

⑤ $64 - 7 = \boxed{}$

⑥ $75 - 9 = \boxed{}$

⑦ $43 - 4 = \boxed{}$

⑧ $62 - 8 = \boxed{}$

⑨ $21 - 3 = \boxed{}$

⑩ $96 - 9 = \boxed{}$

335

십, 몇십으로 계산하기

🌱 강아지가 뺄셈을 하며 집을 찾아가요. 계산 결과에 따라 선으로 이으세요.

● 잘못된 식에 ✕표 하세요.

바르게 계산하면
51 − 4 = 47

51 − 4 = 46   45 − 7 = 38

① 23 − 7 = 16
16 − 9 = 17

② 32 − 6 = 26
87 − 9 = 72

③ 44 − 3 = 31
61 − 8 = 53

④ 32 − 9 = 22
47 − 5 = 42

⑤ 91 − 6 = 95
56 − 7 = 49

⑥ 52 − 4 = 48
37 − 6 = 30

빈칸에 알맞은 수를 쓰세요.

85

73 − 6 = 67

가로 방향과
세로 방향으로
뺄셈을 해.

9

=

☐ − 8 = ☐

23

−

41 − 7 = 34

=

21 − ☐ = ☐

91 − 4 = ☐

−

−

☐

☐

=

=

88

86 − 9 = ☐

왜 이렇게
어려운 거야!

🌳 관계있는 것끼리 선으로 이으세요.

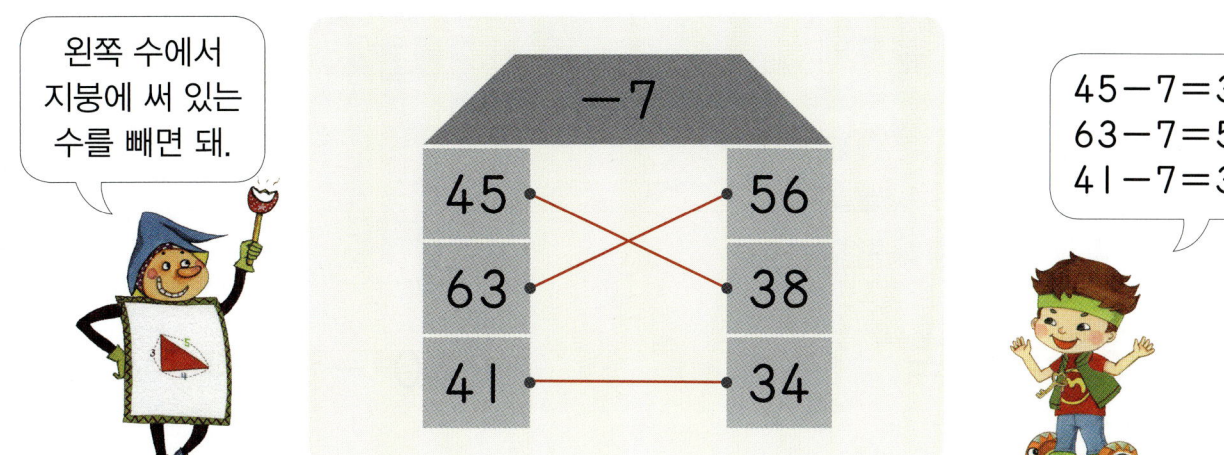

왼쪽 수에서 지붕에 써 있는 수를 빼면 돼.

$$45-7=38$$
$$63-7=56$$
$$41-7=34$$

① 　−6

32 •　　• 24

28 •　　• 22

30 •　　• 26

② 　−9

75 •　　• 70

79 •　　• 66

74 •　　• 65

③ 　−5

63 •　　• 76

81 •　　• 79

84 •　　• 58

④ 　−8

47 •　　• 60

68 •　　• 66

74 •　　• 39

무엇을 배웠을까요

🌲 그림을 보고 뺄셈을 하세요.

①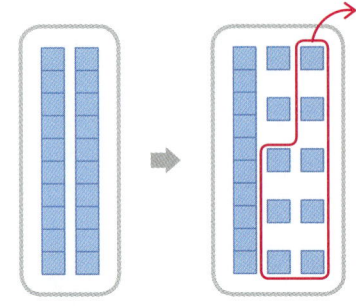

$$20 - 8 = \boxed{}$$

②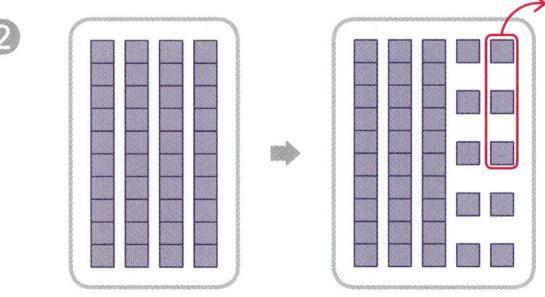

$$40 - 3 = \boxed{}$$

③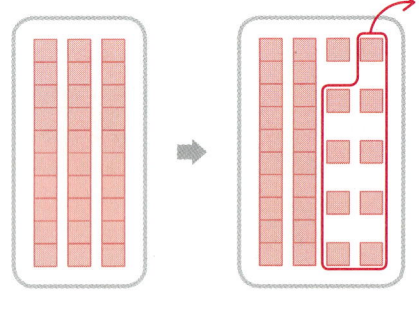

$$30 - 9 = \boxed{}$$

④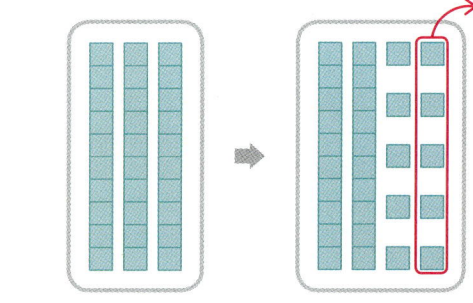

$$30 - 5 = \boxed{}$$

🌲 뺄셈을 하세요.

⑤ $16 - 10 = \boxed{}$

⑥ $29 - 10 = \boxed{}$

⑦ $86 - 10 = \boxed{}$

⑧ $77 - 10 = \boxed{}$

⑨ $43 - 10 = \boxed{}$

⑩ $65 - 10 = \boxed{}$

🔺 빈칸에 알맞은 수를 쓰세요.

⑪ 17 $\xrightarrow{-10}$ ☐ $\xrightarrow{+1}$ ☐

17 − 9 = ☐

⑫ 26 $\xrightarrow{-10}$ ☐ $\xrightarrow{+2}$ ☐

26 − 8 = ☐

⑬ 62 $\xrightarrow{-10}$ ☐ $\xrightarrow{+3}$ ☐

62 − 7 = ☐

⑭ 55 $\xrightarrow{-10}$ ☐ $\xrightarrow{+2}$ ☐

55 − 8 = ☐

⑮ 48 $\xrightarrow{-10}$ ☐ $\xrightarrow{+1}$ ☐

48 − 9 = ☐

⑯ 81 $\xrightarrow{-10}$ ☐ $\xrightarrow{+3}$ ☐

81 − 7 = ☐

🔺 ☐ 안에 알맞은 수를 쓰세요.

⑰ 22 − 5 = ☐

☐ −5+2

☐ + ☐ = ☐

⑱ 38 − 9 = ☐

☐ −9+8

☐ + ☐ = ☐

⑲ 63 − 4 = ☐

☐ −4+ ☐

☐ + ☐ = ☐

⑳ 93 − 7 = ☐

☐ −7+ ☐

☐ + ☐ = ☐

연산력 게임

▶ PLAY

QR코드를 찍으면 다양한 연산 게임을 할 수 있어요.

신기한 뺄셈 자판기

20에서 얼마를 빼면 13이 될까요?

물과 컵에 있는 수를 보고 뺄셈식을 완성하도록 알맞은 버튼을 누르세요.

—7을 누르면 정답입니다.

뺄셈을 하여 리모컨으로 채널을 맞춰요.

화면에 나타난 두 수의 차를 리모컨으로 누른 후 확인 버튼을 누르세요.

27을 누르고 확인 버튼을 누르면 정답입니다.

채널을 맞춰요

덧셈을 이용하여 뺄셈하기

▶ 연산 보충 학습(108쪽)에서 더 풀어 보세요.

학부모 지도 가이드

이번 차시에서는 덧셈을 이용한 뺄셈을 배우게 됩니다.
덧셈과 뺄셈은 역연산의 관계에 있으므로 덧셈식을 뺄셈식으로, 뺄셈식을 덧셈식으로 고쳐서 구할 수 있도록 지도해 주세요.

$$🟥 + 🔵 = 🔺 \qquad 🔺 - 🟥 = 🔵$$

$$\rightarrow \begin{bmatrix} 🔺 - 🟥 = 🔵 \\ 🔺 - 🔵 = 🟥 \end{bmatrix} \qquad \rightarrow \begin{bmatrix} 🟥 + 🔵 = 🔺 \\ 🔵 + 🟥 = 🔺 \end{bmatrix}$$

덧셈과 뺄셈은 뒤집었을 때 결국 같음을 이해시켜 주세요.

336

덧셈을 이용하여 뺄셈하기

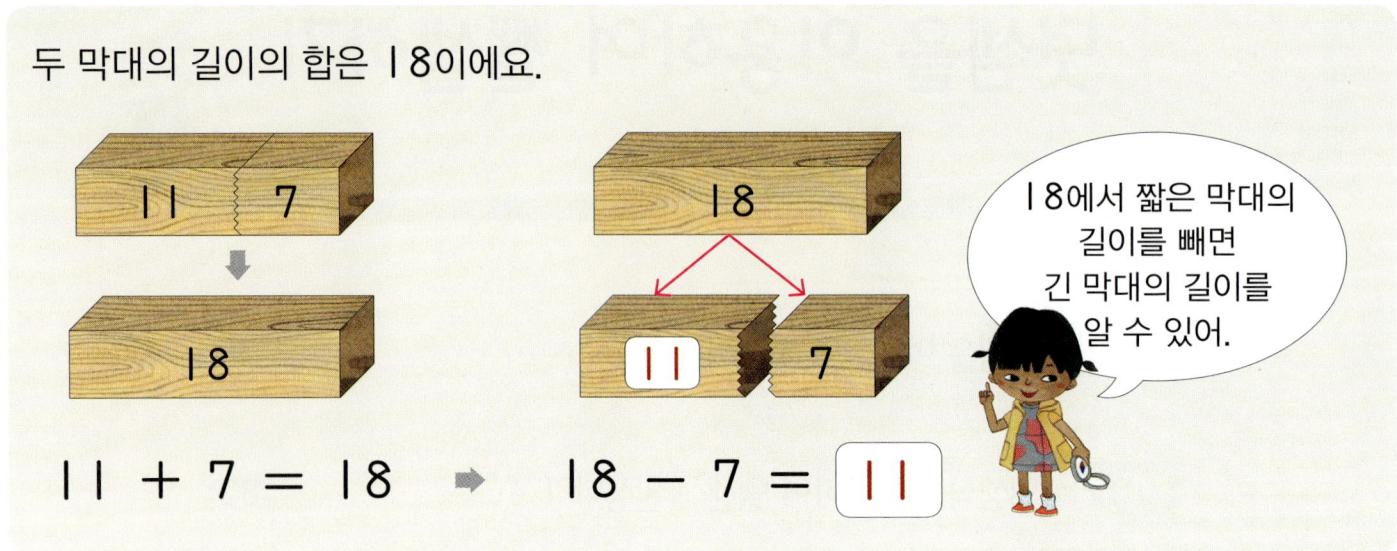

두 막대의 길이의 합은 18이에요.

11 + 7 = 18 ➡ 18 − 7 = 11

18에서 짧은 막대의 길이를 빼면 긴 막대의 길이를 알 수 있어.

🌳 그림과 덧셈식을 보고 ☐ 안에 알맞은 수를 쓰세요.

①

21

15   6

6

15 + 6 = 21

21 − 6 = ☐

②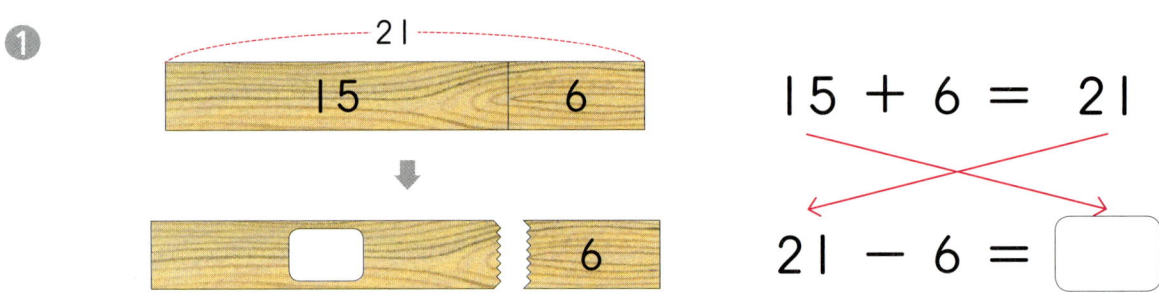

20

13   7

7

13 + 7 = 20

20 − 7 = ☐

🌳 덧셈식을 이용하여 뺄셈식을 완성하세요.

$13 + 8 = 21$ ➡ $21 - 8 = 13$

덧셈식과 뺄셈식의 숫자의 위치를 잘 생각해서 식을 만들어.

으앙~ 저는 모르겠어요.

① $41 + 3 = 44$ ➡ $44 - \boxed{} = \boxed{}$

② $39 + 7 = 46$ ➡ $46 - \boxed{} = \boxed{}$

③ $73 + 8 = 81$ ➡ $81 - \boxed{} = \boxed{}$

④ $56 + 6 = 62$ ➡ $62 - \boxed{} = \boxed{}$

⑤ $27 + 5 = 32$ ➡ $32 - \boxed{} = \boxed{}$

현우는 길이를 모르는 막대를 가지고 있어요.

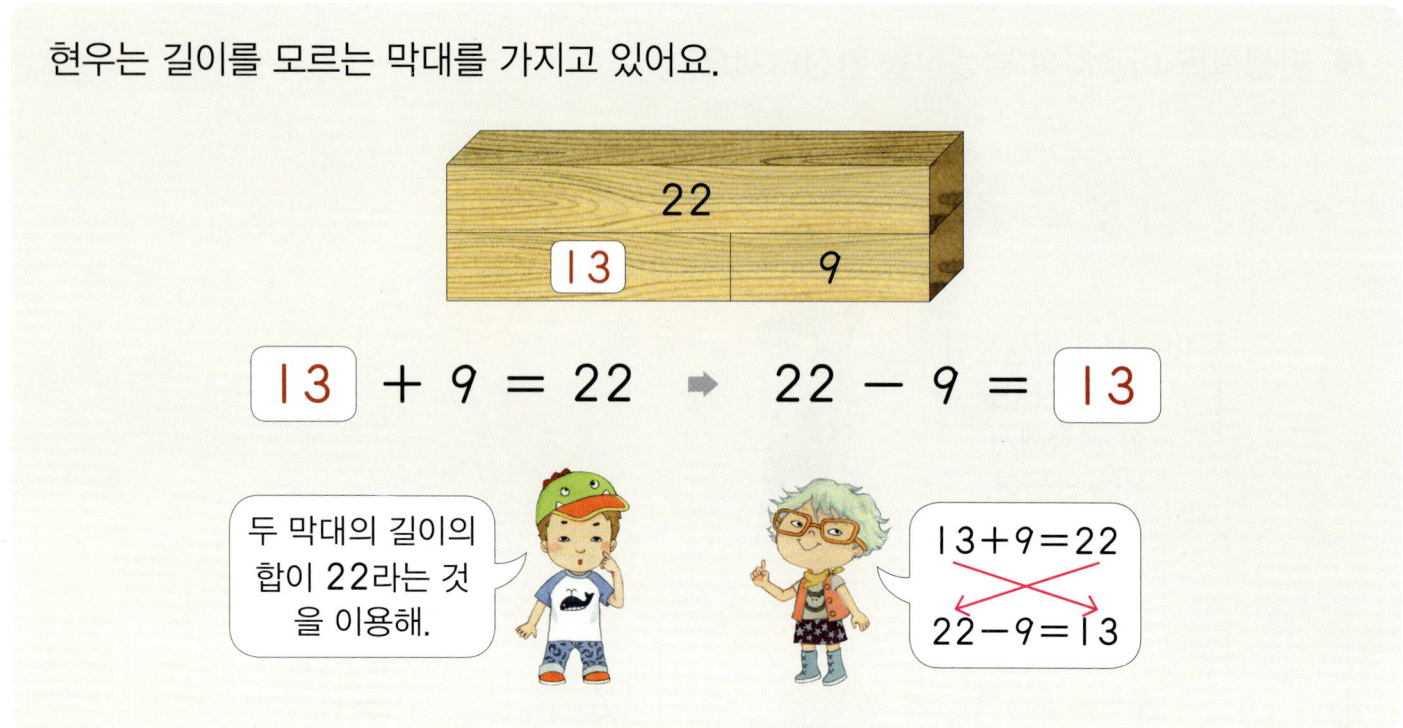

- 그림을 보고 덧셈식과 뺄셈식을 완성하세요.

❶

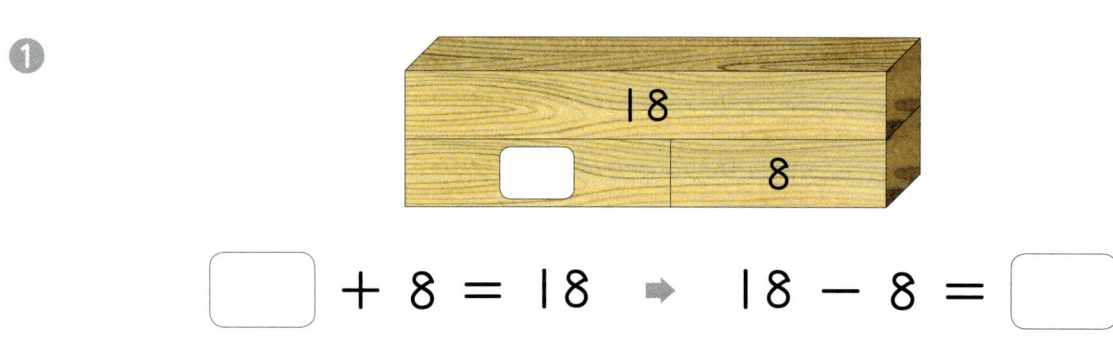

$$\boxed{} + 8 = 18 \Rightarrow 18 - 8 = \boxed{}$$

❷

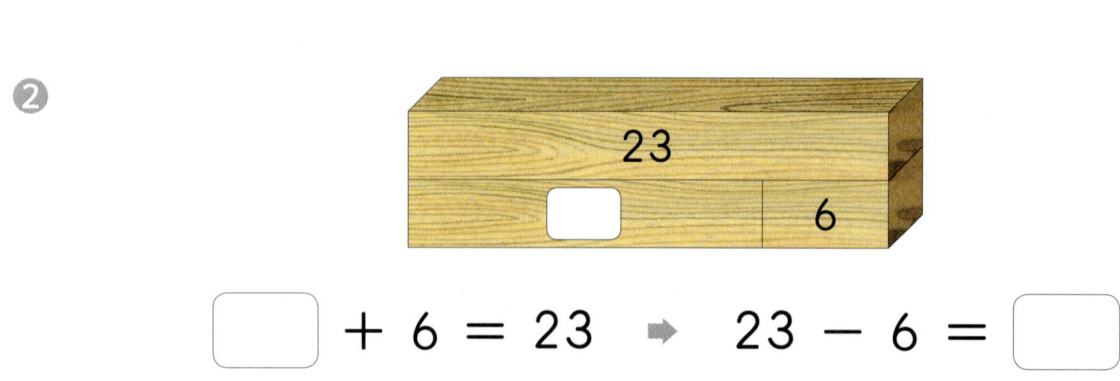

$$\boxed{} + 6 = 23 \Rightarrow 23 - 6 = \boxed{}$$

🌳 덧셈을 이용하여 뺄셈을 하세요.

$$5 + \boxed{22} = 27$$
$$27 - 5 = \boxed{22}$$

5+20=25
5+21=26
5+22=27
찾았다!

① 41 − 1 = ☐

② 72 − 3 = ☐

③ 35 − 7 = ☐

④ 52 − 5 = ☐

⑤ 24 − 6 = ☐

⑥ 38 − 4 = ☐

⑦ 59 − 8 = ☐

⑧ 78 − 9 = ☐

⑨ 71 − 4 = ☐

⑩ 37 − 1 = ☐

공부한 날

월

일

덧셈식을 이용하여 뺄셈식 완성하기

태돌이와 티나가 덧셈 퍼즐을 이용하여 뺄셈 퍼즐을 만들어요.

13 + 4 = 17 ➡ 17 − 4 = 13

어느 조각이 빠진 거지?

17−4=13이니까 4를 찾아.

🌳 덧셈 퍼즐을 보고 뺄셈 퍼즐을 완성하세요.

① 25 + 7 = 32 ➡ 32 − ⬚ = 25

② 17 + 9 = 26 ➡ ⬚ − 9 = 17

③ 41 + 3 = 44 ➡ 44 − ⬚ = 41

④ 63 + 5 = 68 ➡ ⬚ − 5 = 63

🌳 덧셈식을 이용하여 뺄셈식을 완성하세요.

$$27 + 5 = 32 \quad \Rightarrow \quad \begin{cases} \boxed{32} - 5 = 27 \\ 32 - \boxed{5} = 27 \end{cases}$$

덧셈식을 보면 뺄셈식을 바로 완성할 수 있어. 너도 할 수 있지?

여전히 어려워.

① $53 + 4 = 57 \quad \Rightarrow \quad \begin{cases} \boxed{} - 4 = 53 \\ 57 - \boxed{} = 53 \end{cases}$

② $61 + 8 = 69 \quad \Rightarrow \quad \begin{cases} \boxed{} - 8 = 61 \\ 69 - \boxed{} = 61 \end{cases}$

③ $38 + 6 = 44 \quad \Rightarrow \quad \begin{cases} \boxed{} - 6 = 38 \\ 44 - \boxed{} = 38 \end{cases}$

큐리가 작은 막대의 길이를 구하려고 해요.

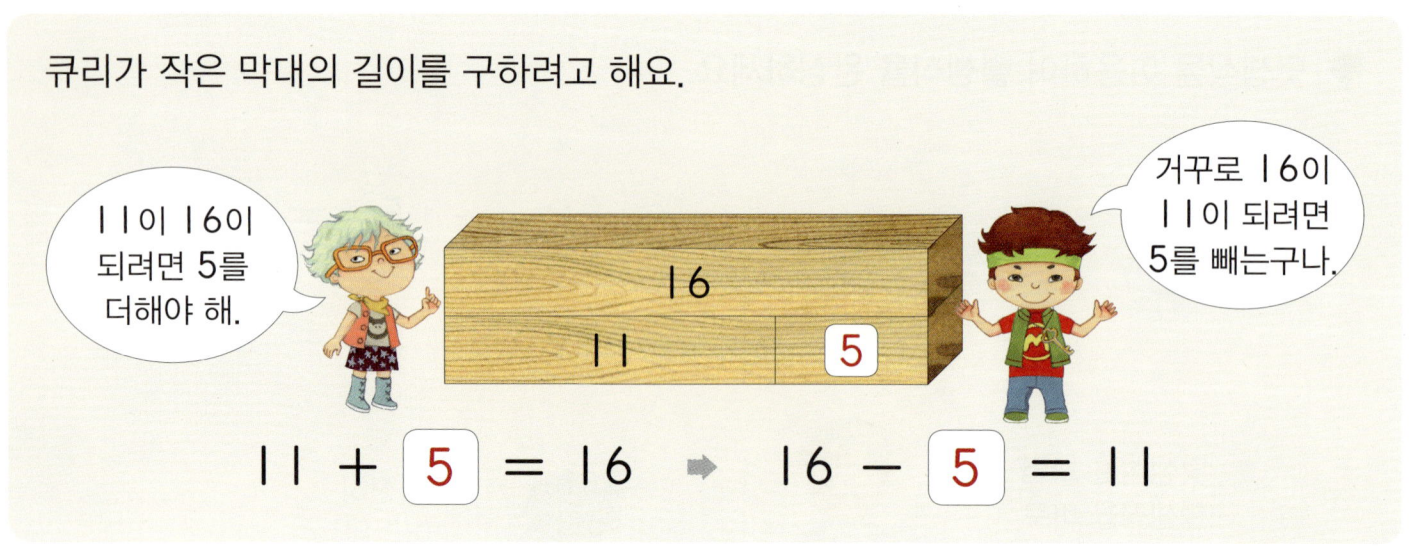

$$11 + \boxed{5} = 16 \quad \Rightarrow \quad 16 - \boxed{5} = 11$$

🌳 관계있는 것끼리 선으로 이으세요.

①

$23 + \boxed{} = 31$ ·　· 2 ·　· $64 - \boxed{} = 57$

$57 + \boxed{} = 64$ ·　· 8 ·　· $31 - \boxed{} = 23$

$29 + \boxed{} = 31$ ·　· 7 ·　· $31 - \boxed{} = 29$

②

$13 + \boxed{} = 19$ ·　· 3 ·　· $55 - \boxed{} = 46$

$46 + \boxed{} = 55$ ·　· 6 ·　· $78 - \boxed{} = 75$

$75 + \boxed{} = 78$ ·　· 9 ·　· $19 - \boxed{} = 13$

□ 안에 알맞은 수를 찾아 선으로 연결하세요.

- $39-\square=34$
- $65-\square=62$
- 3
- $94-\square=86$
- 5
- $62-\square=53$
- 8
- $73-\square=71$
- 2
- 9
- $56-\square=49$
- 7

공부한 날

월

일

벌레 먹은 셈

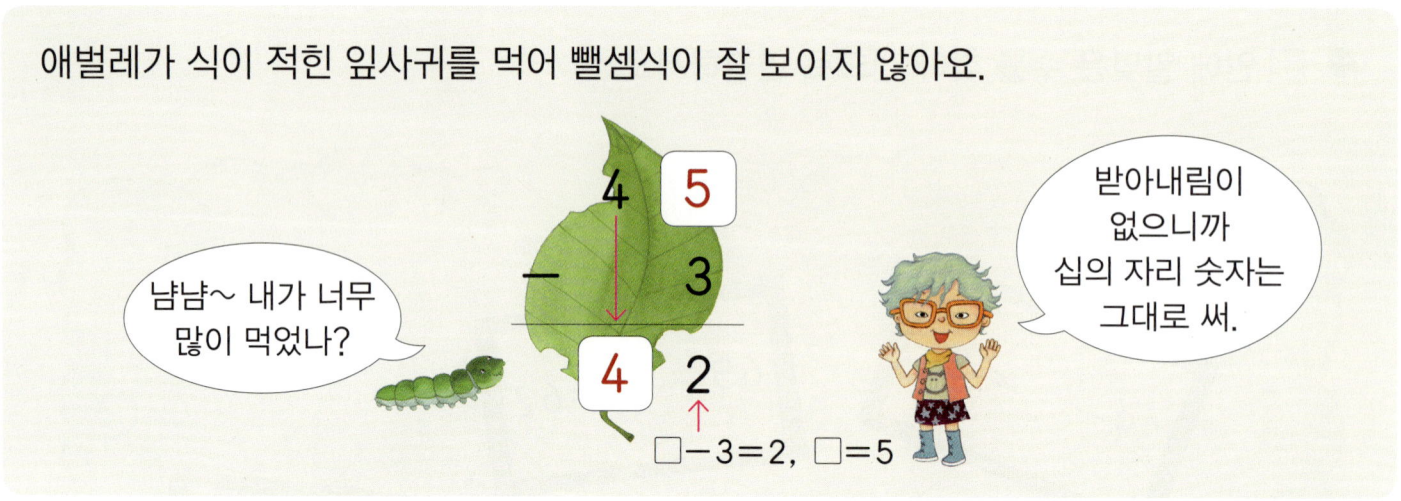

애벌레가 식이 적힌 잎사귀를 먹어 뺄셈식이 잘 보이지 않아요.

냠냠~ 내가 너무 많이 먹었나?

받아내림이 없으니까 십의 자리 숫자는 그대로 써.

🌳 일의 자리 숫자부터 차례로 생각하여 □ 안에 알맞은 수를 쓰세요.

❶

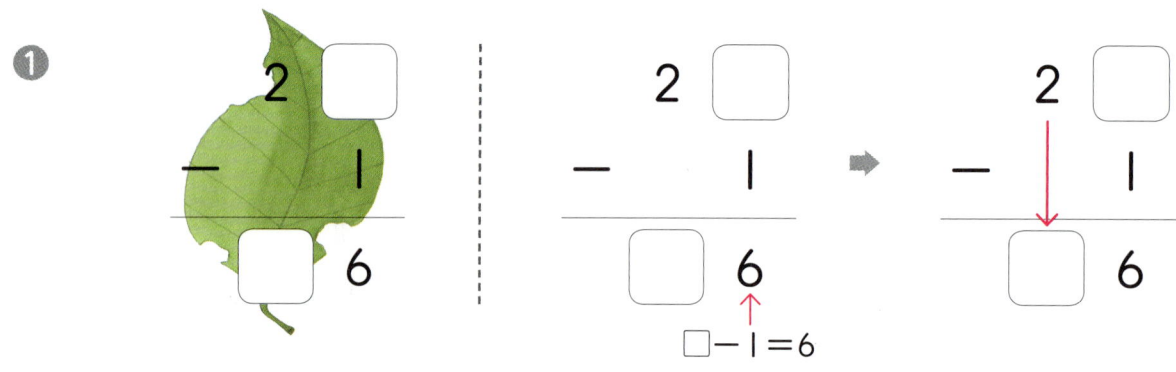

□−1=6

❷

7−□=2

🌳 필요한 숫자 카드에 모두 ⭕표 하고 뺄셈식을 완성하세요.

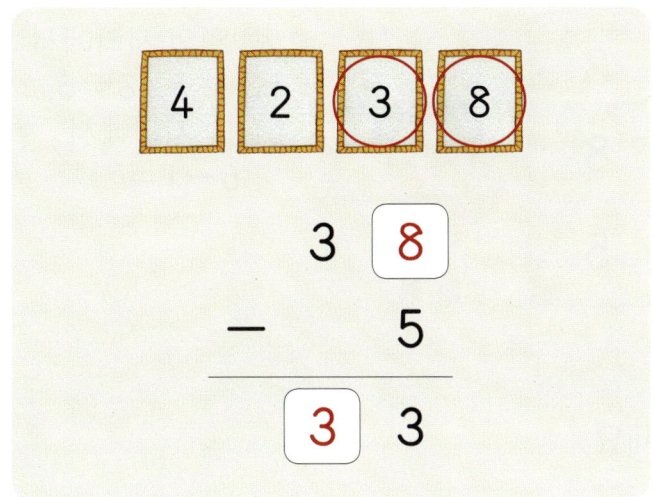

일의 자리 숫자는 □−5＝3, □＝8 이고, 십의 자리 숫자는 그대로 써!

❶
| 8 | 5 | 9 | 7 |

$$\begin{array}{r} \square\ 6 \\ -\ \ \square \\ \hline 9\ 1 \end{array}$$

❷
| 5 | 6 | 8 | 4 |

$$\begin{array}{r} 6\ \square \\ -\ \ 2 \\ \hline \square\ 6 \end{array}$$

❸
| 7 | 5 | 6 | 1 |

$$\begin{array}{r} 5\ \square \\ -\ \ 3 \\ \hline \square\ 4 \end{array}$$

❹
| 1 | 6 | 3 | 2 |

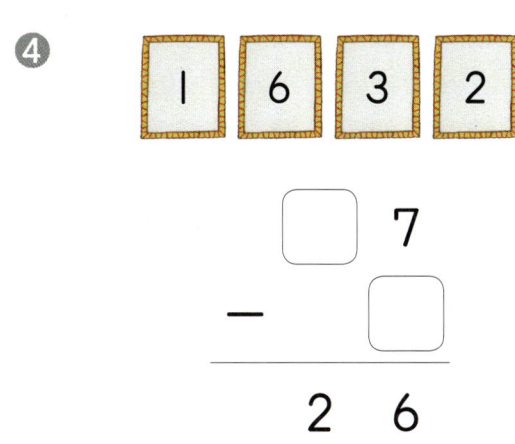

$$\begin{array}{r} \square\ 7 \\ -\ \ \square \\ \hline 2\ 6 \end{array}$$

티나와 태돌이가 오래된 종이에서 지워진 뺄셈식을 알아내려고 해요.

일의 자리 수를 비교하면 8>5이니까 받아내림이 있는 계산이야.

그럼 일의 자리에서 10+□−8=5, 십의 자리에서 6−1=□

🌳 **지워진 수를 찾아 □ 안에 알맞은 수를 쓰세요.**

①
$$\begin{array}{r} 5\ \boxed{1} \\ -\quad 7 \\ \hline \boxed{}\ 4 \end{array}$$

②
$$\begin{array}{r} \boxed{}\ 2 \\ -\quad 5 \\ \hline 6\ \boxed{7} \end{array}$$

③
$$\begin{array}{r} 2\ \boxed{} \\ -\quad 5 \\ \hline \boxed{}\ 8 \end{array}$$

④
$$\begin{array}{r} \boxed{}\ 8 \\ -\quad 9 \\ \hline 3\ \boxed{} \end{array}$$

🌳 ☐ 안에 알맞은 수를 쓰세요.

받아내림이 없는 식	받아내림이 있는 식

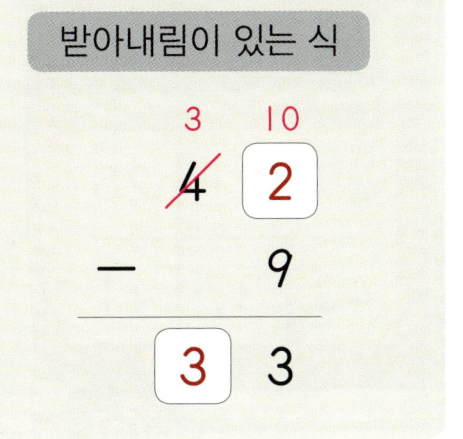

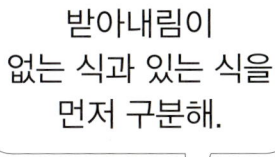
받아내림이
없는 식과 있는 식을
먼저 구분해.

①
```
   1 ☐
 -   2
  ─────
   ☐ 5
```

②
```
  ☐ 7
 -  ☐
 ─────
  4 9
```

③
```
  ☐ 3
 -  ☐
 ─────
  8 6
```

④
```
  ☐ 8
 -  ☐
 ─────
  6 5
```

⑤
```
  ☐ 4
 -  ☐
 ─────
  2 8
```

⑥
```
  5 ☐
 -   4
 ─────
  ☐ 6
```

⑦
```
  7 ☐
 -   5
 ─────
  ☐ 7
```

⑧
```
  ☐ 2
 -  ☐
 ─────
  5 9
```

⑨
```
  8 ☐
 -   2
 ─────
  ☐ 7
```

트럭이 지나가려면 뺄셈의 답을 구해야 해요.

어려워서
못 풀 것 같은데?

−	6	2
27	21	25
43	37	41

27−6=21
27−2=25
43−6=37
43−2=41

🌳 빈 곳에 알맞은 수를 쓰세요.

❶

−	4	7
12		
65		

❷

−	3	1
89		
31		

❸

−	5	9
47		
94		

❹

−	2	8
70		
56		

● 올바른 식이 되도록 선을 그으세요.

52 − 5 = 47

❶
33 − [1 / 9 / 2] = 32

❷
49 − [7 / 6 / 4] = 43

❸
74 − [6 / 7 / 9] = 68

❹
95 − [6 / 7 / 3] = 88

❺
61 − [3 / 4 / 5] = 56

❻
86 − [5 / 6 / 8] = 78

태돌이가 차례대로 빼고 또 빼는 계산을 해요.

51 $\xrightarrow{-6}$ 45 $\xrightarrow{-2}$ 43

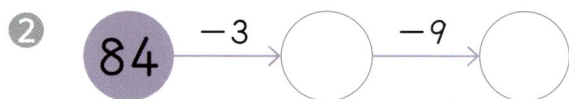
$51-6=45$
$45-2=43$

🌳 빈 곳에 알맞은 수를 쓰세요.

① 29 $\xrightarrow{-4}$ ◯ $\xrightarrow{-5}$ ◯

② 84 $\xrightarrow{-3}$ ◯ $\xrightarrow{-9}$ ◯

③ 36 $\xrightarrow{-7}$ ◯ $\xrightarrow{-2}$ ◯

④ 73 $\xrightarrow{-5}$ ◯ $\xrightarrow{-6}$ ◯

⑤ 42 $\xrightarrow{-8}$ ◯ $\xrightarrow{-3}$ ◯

⑥ 67 $\xrightarrow{-1}$ ◯ $\xrightarrow{-8}$ ◯

⑦ 57 $\xrightarrow{-2}$ ◯ $\xrightarrow{-5}$ ◯

⑧ 42 $\xrightarrow{-4}$ ◯ $\xrightarrow{-3}$ ◯

차를 구했을 때 결과가 지붕에 있는 수가 되는 두 수를 찾아 색칠하세요.

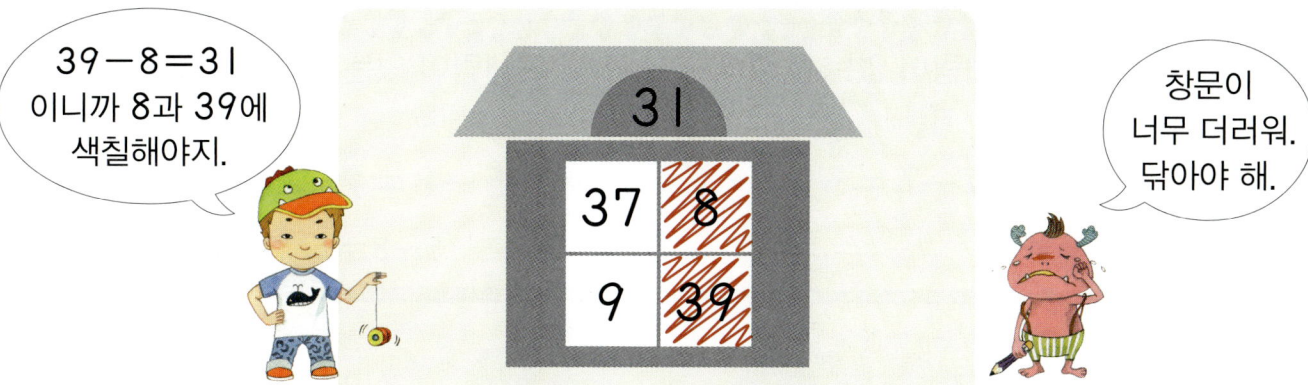

① 58

65	7
2	59

② 24

8	6
30	31

③ 47

54	6
5	52

④ 86

2	92
6	89

뺄셈 연습

큐리와 현우가 받아내림이 없는 뺄셈과 받아내림이 있는 뺄셈을 해요.

받아내림이 없는 뺄셈	받아내림이 있는 뺄셈
그대로	1 작은 수
$57 - 4 = 53$	$35 - 8 = 27$
$7 - 4 = 3$	$15 - 8 = 7$

일의 자리 수끼리 뺄 수 없을 때에는?

십의 자리에서 10을 받아내림하여 계산해.

🌳 ☐ 안에 알맞은 수를 쓰세요.

받아내림이 없는 뺄셈 받아내림이 있는 뺄셈

❶ $19 - 3 = $ ☐☐　　　　❷ $22 - 4 = $ ☐☐

❸ $45 - 2 = $ ☐☐　　　　❹ $64 - 7 = $ ☐☐

❺ $76 - 5 = $ ☐☐　　　　❻ $53 - 9 = $ ☐☐

🌳 뺄셈을 하세요.

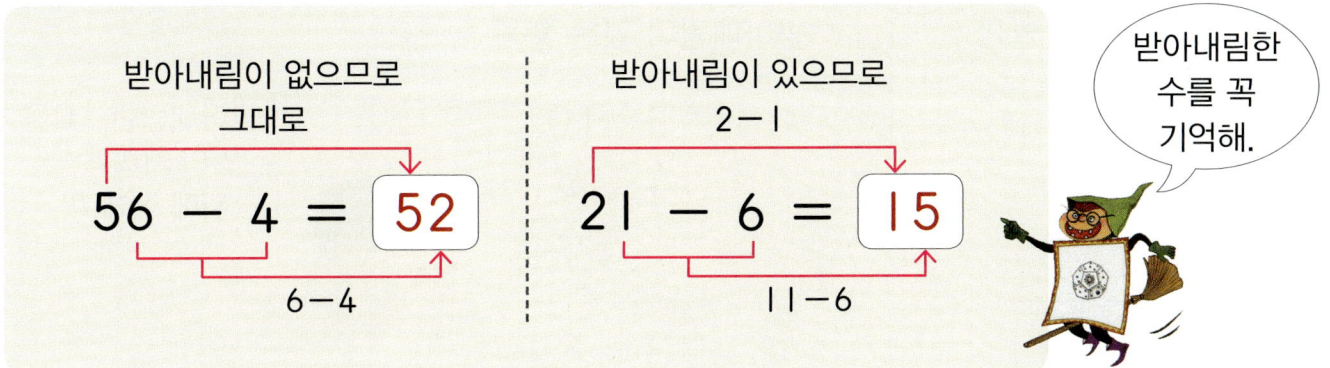

받아내림이 없으므로
그대로

56 − 4 = 52

6−4

받아내림이 있으므로
2−1

21 − 6 = 15

11−6

받아내림한 수를 꼭 기억해.

❶ 77 − 2 = ☐

❷ 33 − 8 = ☐

❸ 41 − 7 = ☐

❹ 69 − 9 = ☐

❺ 28 − 4 = ☐

❻ 93 − 7 = ☐

❼ 86 − 8 = ☐

❽ 42 − 6 = ☐

티나가 세로셈으로 뺄셈을 해요.

받아내림이 없는 뺄셈	받아내림이 있는 뺄셈

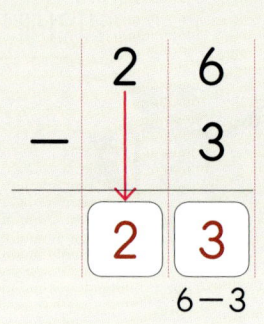

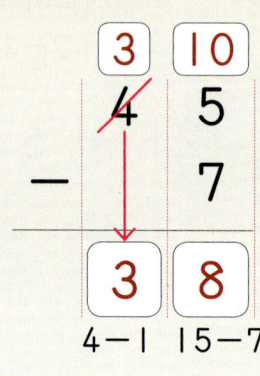

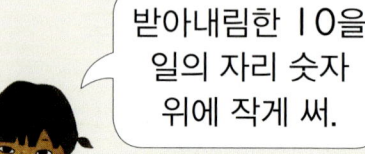

받아내림한 10을 일의 자리 숫자 위에 작게 써.

🌳 ☐ 안에 알맞은 수를 쓰세요.

받아내림이 없는 뺄셈

❶
```
    7  4
  -    2
  ┌──┬──┐
  │  │  │
  └──┴──┘
```

받아내림이 있는 뺄셈

❷
```
  ┌──┐┌──┐
  │  ││  │
  └──┘└──┘
   5̸  1
  -    8
  ┌──┬──┐
  │  │  │
  └──┴──┘
```

❸
```
    3  6
  -    1
  ┌──┬──┐
  │  │  │
  └──┴──┘
```

❹
```
  ┌──┐┌──┐
  │  ││  │
  └──┘└──┘
   6̸  7
  -    8
  ┌──┬──┐
  │  │  │
  └──┴──┘
```

🌳 뺄셈을 하세요.

먼저 받아내림이 있는지 없는지 확인해.

$$\begin{array}{r} \overset{2}{\cancel{3}}\ \overset{10}{1} \\ -\ \ 2 \\ \hline 2\ \ 9 \end{array}$$

각 자리를 맞춰서 계산해.

①
$$\begin{array}{r} 8\ 5 \\ -\ \ 7 \\ \hline \end{array}$$

②
$$\begin{array}{r} 7\ 3 \\ -\ \ 5 \\ \hline \end{array}$$

③
$$\begin{array}{r} 6\ 8 \\ -\ \ 6 \\ \hline \end{array}$$

④
$$\begin{array}{r} 4\ 9 \\ -\ \ 3 \\ \hline \end{array}$$

⑤
$$\begin{array}{r} 9\ 2 \\ -\ \ 8 \\ \hline \end{array}$$

⑥
$$\begin{array}{r} 6\ 3 \\ -\ \ 1 \\ \hline \end{array}$$

⑦
$$\begin{array}{r} 1\ 7 \\ -\ \ 9 \\ \hline \end{array}$$

⑧
$$\begin{array}{r} 5\ 6 \\ -\ \ 4 \\ \hline \end{array}$$

⑨
$$\begin{array}{r} 8\ 7 \\ -\ \ 6 \\ \hline \end{array}$$

공부한 날

월

일

🌲 ☐ 안에 알맞은 수를 쓰세요.

❶
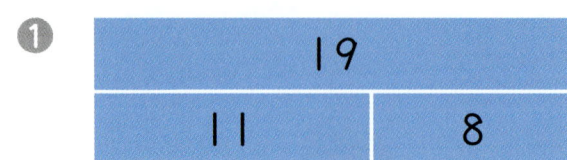

$11 + 8 = 19$

➡ $19 - 8 = $ ☐

❷
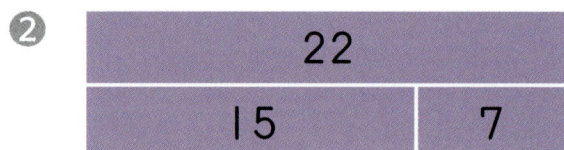

$15 + 7 = 22$

➡ $22 - 7 = $ ☐

❸
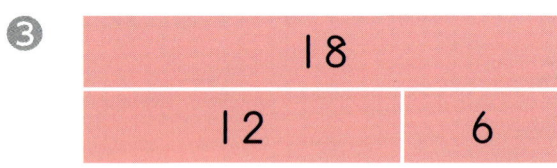

$12 + 6 = 18$

➡ $18 - 6 = $ ☐

❹
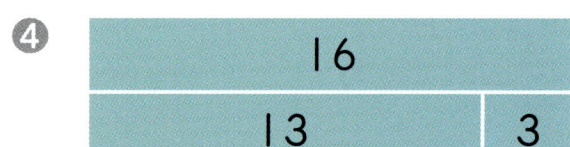

$13 + 3 = 16$

➡ $16 - 3 = $ ☐

🌲 덧셈식을 이용하여 뺄셈을 완성하세요.

❺ $33 + 5 = 38$

➡ $38 - $ ☐ $ = $ ☐

❻ $57 + 7 = 64$

➡ $64 - $ ☐ $ = $ ☐

❼ $42 + 9 = 51$

➡ $51 - $ ☐ $ = $ ☐

❽ $86 + 3 = 89$

➡ $89 - $ ☐ $ = $ ☐

♠ 뺄셈을 하세요.

⑨
```
    □ □
    3̷ 3
  −   6
  ─────
    □ □
```

⑩
```
    □ □
    5̷ 2
  −   7
  ─────
    □ □
```

⑪
```
    □ □
    8̷ 4
  −   9
  ─────
    □ □
```

⑫
```
    □ □
    9̷ 5
  −   9
  ─────
    □ □
```

♠ □ 안에 알맞은 수를 쓰세요.

⑬
```
   3 □
  −  6
  ────
   □ 2
```

⑭
```
   1 □
  −  4
  ────
   □ 5
```

⑮
```
   6 □
  −  2
  ────
   □ 1
```

⑯
```
   2 □
  −  8
  ────
   □ 4
```

⑰
```
   5 □
  −  5
  ────
   □ 7
```

⑱
```
   8 □
  −  9
  ────
   □ 5
```

공부한 날

□

월

□

일

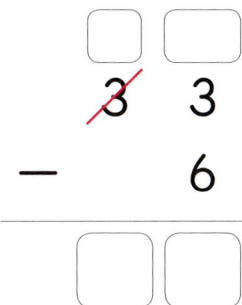

연산력 게임

PLAY

QR코드를 찍으면 다양한 연산 게임을 할 수 있어요.

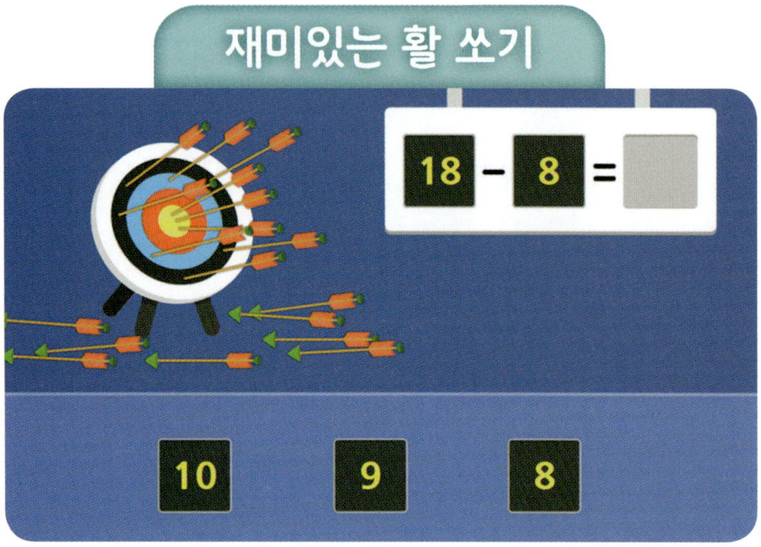
재미있는 활 쏘기
18 - 8 =
10
9
8

전광판에 나타난 뺄셈을 해 보세요.

뺄셈을 하여 아래에서 답을 찾아 손가락으로 끌어서 넣으세요.
10을 넣으면 정답입니다.

뺄셈을 하여 자물쇠를 열어요!

자물쇠의 두 수의 차를 구하여 알맞은 열쇠를 누르세요.
47을 누르면 정답입니다.

열려라 자물쇠
차
52
5
47
48
49

연산 보충 학습

받아내림이 없는 뺄셈

관련 쪽수: 6~27쪽

❖ 뺄셈을 하세요.

① $15 - 3 = \boxed{}$　　② $18 - 8 = \boxed{}$

③ $22 - 1 = \boxed{}$　　④ $26 - 5 = \boxed{}$

⑤ $34 - 2 = \boxed{}$　　⑥ $47 - 4 = \boxed{}$

⑦ $69 - 7 = \boxed{}$　　⑧ $88 - 6 = \boxed{}$

❖ ☐ 안에 알맞은 수를 쓰세요.

⑨ $\boxed{} - 3 = 14$　　⑩ $\boxed{} - 6 = 21$

⑪ $\boxed{} - 5 = 42$　　⑫ $\boxed{} - 4 = 53$

⑬ $\boxed{} - 1 = 78$　　⑭ $\boxed{} - 8 = 90$

❖ 가로셈을 세로셈으로 나타내고 뺄셈을 하세요.

⑮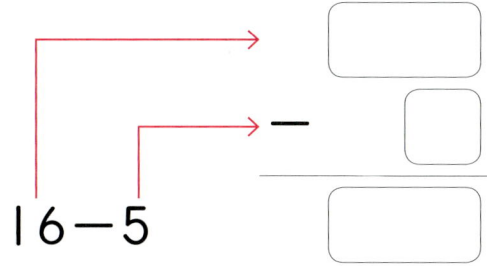

16 − 5

⑯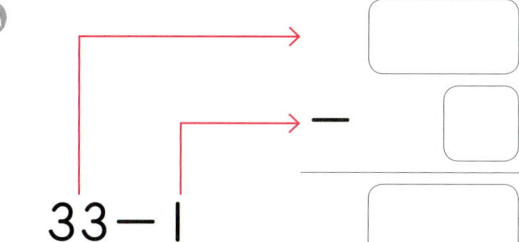

33 − 1

⑰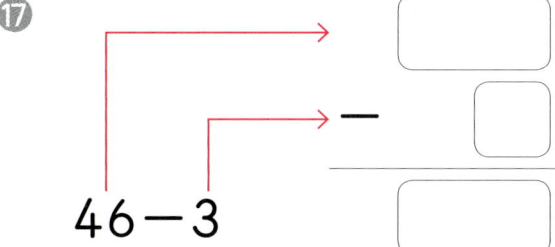

46 − 3

⑱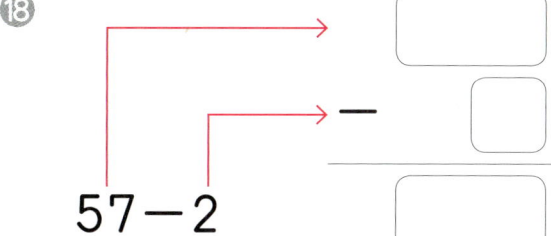

57 − 2

⑲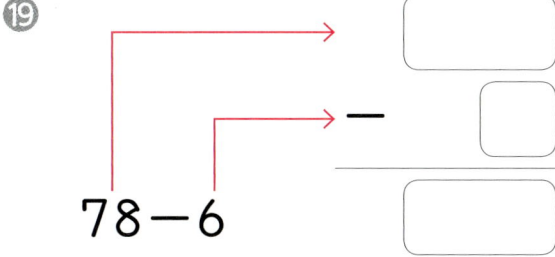

78 − 6

⑳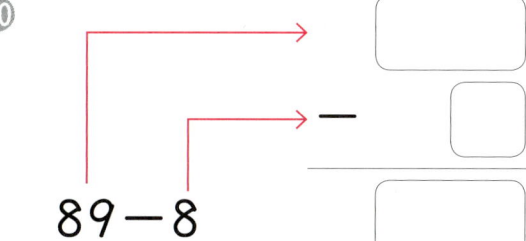

89 − 8

❖ ☐ 안에 알맞은 수를 쓰세요.

㉑ $25 - \boxed{} = 22$

㉒ $49 - \boxed{} = 43$

㉓ $68 - \boxed{} = 60$

㉔ $92 - \boxed{} = 91$

받아내림이 있는 뺄셈

❖ ☐ 안에 알맞은 수를 쓰세요.

① $14 - 7 = \boxed{}$

$10 - \boxed{} + \boxed{}$

$\boxed{} + 4 = \boxed{}$

② $13 - 4 = \boxed{}$

$10 - \boxed{} + \boxed{}$

$\boxed{} + 3 = \boxed{}$

③ $15 - 8 = \boxed{}$

$10 - \boxed{} + \boxed{}$

$\boxed{} + 5 = \boxed{}$

④ $17 - 9 = \boxed{}$

$10 - \boxed{} + \boxed{}$

$\boxed{} + 7 = \boxed{}$

⑤ $22 - 5 = \boxed{}$

$10 + \boxed{} - 5$

$10 + \boxed{} = \boxed{}$

⑥ $31 - 3 = \boxed{}$

$20 + \boxed{} - 3$

$20 + \boxed{} = \boxed{}$

⑦ $42 - 6 = \boxed{}$

$30 + \boxed{} - 6$

$30 + \boxed{} = \boxed{}$

⑧ $56 - 9 = \boxed{}$

$40 + \boxed{} - 9$

$40 + \boxed{} = \boxed{}$

104 연산 C5

❖ 뺄셈을 하세요.

⑨
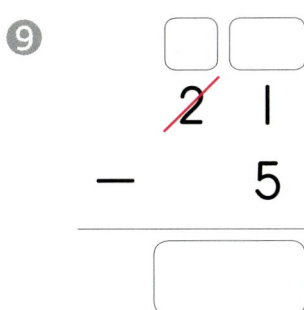
```
    2̸  1
  -    5
```

⑩
```
    2̸  8
  -    9
```

⑪
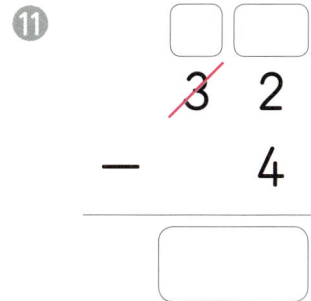
```
    3̸  2
  -    4
```

⑫
```
    3̸  6
  -    7
```

⑬
```
    4̸  5
  -    6
```

⑭
```
    4̸  3
  -    8
```

⑮
```
    5̸  2
  -    5
```

⑯
```
    6̸  6
  -    8
```

⑰
```
    6̸  8
  -    9
```

⑱
```
    7̸  4
  -    7
```

⑲
```
    7̸  7
  -    9
```

⑳
```
    8̸  3
  -    5
```

십, 몇십을 만들어 빼기

관련 쪽수: 54~75쪽

❖ 뺄셈을 하세요.

① 20 − 1 = ☐

② 30 − 7 = ☐

③ 40 − 5 = ☐

④ 50 − 8 = ☐

⑤ 60 − 2 = ☐

⑥ 70 − 4 = ☐

⑦ 80 − 6 = ☐

⑧ 90 − 3 = ☐

⑨ 37 − 10 = ☐

⑩ 56 − 10 = ☐

⑪ 41 − 10 = ☐

⑫ 29 − 10 = ☐

⑬ 63 − 10 = ☐

⑭ 84 − 10 = ☐

❖ ☐ 안에 알맞은 수를 쓰세요.

⑮
$$37 - 8 = \boxed{}$$
$$\boxed{} - 10 = \boxed{}$$
+2 +2

⑯
$$62 - 9 = \boxed{}$$
$$\boxed{} - 10 = \boxed{}$$
+1 +1

⑰
$$43 - 7 = \boxed{}$$
$$\boxed{} - 10 = \boxed{}$$
+3 +3

⑱
$$56 - 9 = \boxed{}$$
$$\boxed{} - 10 = \boxed{}$$
+1 +1

⑲
$$23 - 6 = \boxed{}$$
$$\boxed{} - 6 + \boxed{}$$
$$\boxed{} + \boxed{} = \boxed{}$$

⑳
$$46 - 8 = \boxed{}$$
$$\boxed{} - 8 + \boxed{}$$
$$\boxed{} + \boxed{} = \boxed{}$$

㉑
$$71 - 3 = \boxed{}$$
$$\boxed{} - 3 + \boxed{}$$
$$\boxed{} + \boxed{} = \boxed{}$$

㉒
$$82 - 5 = \boxed{}$$
$$\boxed{} - 5 + \boxed{}$$
$$\boxed{} + \boxed{} = \boxed{}$$

❖ □ 안에 알맞은 수를 쓰세요.

①

```
   4 □
 -   3
 ─────
   □ 3
```

②

```
   1 □
 -   7
 ─────
   □ 1
```

③

```
   2 8
 -   □
 ─────
   2 6
```

④

```
   2 □
 -   5
 ─────
   □ 8
```

⑤

```
   3 □
 -   7
 ─────
   □ 8
```

⑥

```
   □ 4
 -   □
 ─────
   6 6
```

❖ 뺄셈을 하세요.

⑦

```
   3 9
 -   7
 ─────
   [   ]
```

⑧

```
   □ □
   4̸ 2
 -   5
 ─────
   [   ]
```

⑨

```
   □ □
   5̸ 5
 -   9
 ─────
   [   ]
```

⑩

```
   6 7
 -   6
 ─────
   [   ]
```

⑪

```
   □ □
   7̸ 1
 -   4
 ─────
   [   ]
```

⑫

```
   □ □
   8̸ 6
 -   8
 ─────
   [   ]
```

C5

6·7

321 그림에서 빼기

티나가 당근 18개를 가지고 있었는데 친구가 5개를 먹어버렸어요.

 누가 내 당근을 먹은 거야?

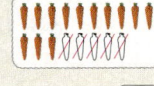

 내가 먹었지. 몇 개가 남았을까?

$18 - 5 = \boxed{13}$

🌱 남아 있는 당근을 세어 ☐ 안에 알맞은 수를 쓰세요.

❶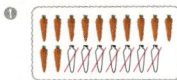

$19 - 7 = \boxed{12}$

❷

$14 - 3 = \boxed{11}$

❸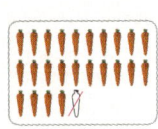

$25 - 1 = \boxed{24}$

❹

$36 - 4 = \boxed{32}$

6 연산 C5

🌱 빼는 수만큼 /로 지우고 뺄셈을 하세요.

 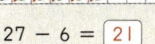

 27개에서 6개를 지우면 21개가 남아.

$27 - 6 = \boxed{21}$

❶

$13 - 1 = \boxed{12}$

❷

$26 - 5 = \boxed{21}$

❸

$38 - 3 = \boxed{35}$

❹

$29 - 7 = \boxed{22}$

받아내림이 없는 뺄셈 7

8·9

마법사가 마법으로 사탕을 없애고 있어요.

맛있는 사탕을 왜 없애시는 거죠?

이가 썩지 않도록 하려는 거지!

$17 - 5 = \boxed{12}$

🌱 그림을 보고 뺄셈을 하세요.

❶

$16 - 4 = \boxed{12}$

❷

$24 - 2 = \boxed{22}$

❸

$35 - 3 = \boxed{32}$

❹

$48 - 5 = \boxed{43}$

8 연산 C5

🌱 빼는 수만큼 덜어 내고 뺄셈을 하세요.

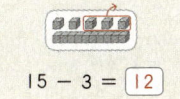 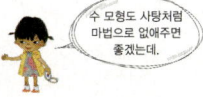

수 모형도 사탕처럼 마법으로 없애주면 좋겠는데.

$15 - 3 = \boxed{12}$

❶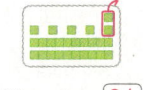

$32 - 1 = \boxed{31}$

❷

$26 - 2 = \boxed{24}$

❸

$17 - 5 = \boxed{12}$

❹

$34 - 4 = \boxed{30}$

❺

$38 - 3 = \boxed{35}$

❻

$45 - 2 = \boxed{43}$

받아내림이 없는 뺄셈 9

공부한 날
월
일

10·11

322 거꾸로 뛰어서 빼기

개구리가 차례로 수가 적힌 연잎 위를 거꾸로 뛰어 가요.

3칸을 거꾸로 뛰어갈 거야.

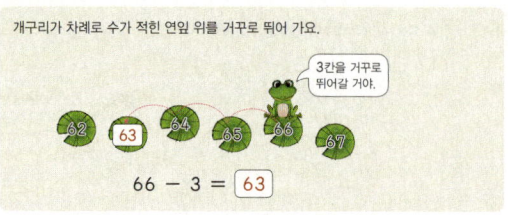

$66 - 3 = \boxed{63}$

개구리가 거꾸로 뛰어서 도착한 곳에 알맞은 수를 쓰고 뺄셈을 하세요.

❶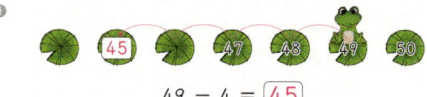

$49 - 4 = \boxed{45}$

❷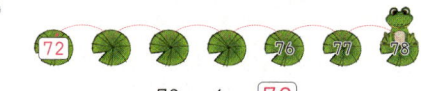

$78 - 6 = \boxed{72}$

❸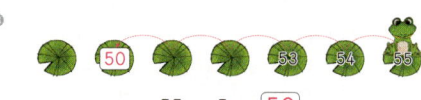

$55 - 5 = \boxed{50}$

주어진 수부터 거꾸로 뛰어 뺄셈을 하세요.

하나, 둘, 셋, 넷~ 12까지 가겠네.

❶

$16 - 4 = \boxed{12}$ $25 - 2 = \boxed{23}$

$35 - 4 = \boxed{31}$ $32 - 2 = \boxed{30}$

❷

거꾸로 뛰는 것은 내가 제일 잘 해.

$32 - 1 = \boxed{31}$ $47 - 3 = \boxed{44}$

$54 - 2 = \boxed{52}$ $59 - 5 = \boxed{54}$

12·13

뺄셈 기차가 굴뚝에 연기를 뿜으면서 지나가요.

16 15 14

17 − 3 = 14

3을 빼니까 연기가 3개구나.

17부터 거꾸로 3번 세면 16, 15, 14야.

기차 굴뚝의 연기에 거꾸로 센 수를 쓰고 뺄셈을 하세요.

❶

❷

❸

❹

❺

❻

거꾸로 뛰어 세어 뺄셈을 하세요.

거꾸로 3칸 가면 3을 빼는 것과 같아.

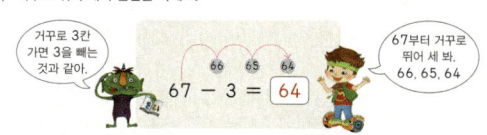

$67 - 3 = \boxed{64}$

67부터 거꾸로 뛰어 세 봐. 66, 65, 64.

❶ $55 - 1 = \boxed{54}$ ❷ $76 - 4 = \boxed{72}$

❸ $29 - 2 = \boxed{27}$ ❹ $47 - 5 = \boxed{42}$

❺ $18 - 3 = \boxed{15}$ ❻ $69 - 8 = \boxed{61}$

❼ $37 - 4 = \boxed{33}$ ❽ $86 - 1 = \boxed{85}$

❾ $97 - 4 = \boxed{93}$ ❿ $58 - 6 = \boxed{52}$

공부한 날
월
일

323 세로셈

14 15

큐리는 덜어 내고 남은 수 모형의 수를 가로셈과 세로셈으로 각각 구해요.

일의 자리 수 8과 6을 한 줄에 나란히 놓아.

$$28 - 6 = \boxed{22} \Rightarrow \begin{array}{r} 2\ 8 \\ -\quad 6 \\ \hline \boxed{2}\ \boxed{2} \end{array}$$
그대로 8-6

🌱 그림을 보고 ☐ 안에 알맞은 수를 쓰세요.

①

$$\begin{array}{r} 1\ 4 \\ -\quad 3 \\ \hline \end{array} \quad \begin{array}{r} 1\ 4 \\ -\quad 3 \\ \hline \boxed{1} \end{array} \Rightarrow \begin{array}{r} 1\ 4 \\ -\quad 3 \\ \hline \boxed{1}\ \boxed{1} \end{array}$$
4-3 그대로

②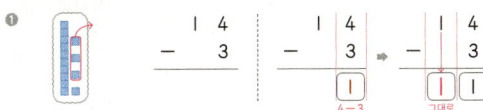

$$\begin{array}{r} 3\ 7 \\ -\quad 2 \\ \hline \end{array} \quad \begin{array}{r} 3\ 7 \\ -\quad 2 \\ \hline \boxed{5} \end{array} \Rightarrow \begin{array}{r} 3\ 7 \\ -\quad 2 \\ \hline \boxed{3}\ \boxed{5} \end{array}$$

③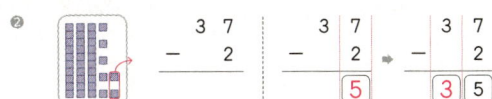

$$\begin{array}{r} 2\ 5 \\ -\quad 1 \\ \hline \end{array} \quad \begin{array}{r} 2\ 5 \\ -\quad 1 \\ \hline \boxed{4} \end{array} \Rightarrow \begin{array}{r} 2\ 5 \\ -\quad 1 \\ \hline \boxed{2}\ \boxed{4} \end{array}$$

14 연산 C5

🌱 가로셈을 세로셈으로 나타내고 뺄셈을 하세요.

가로셈의 앞에 있는 수를 세로셈의 위에 쓰는 거야.

$$18 - 3 = 15 \rightarrow \begin{array}{r} 1\ 8 \\ -\quad 3 \\ \hline 1\ 5 \end{array}$$
답은 똑같은데?

① $27 - 3 \rightarrow \begin{array}{r} 2\ 7 \\ -\quad 3 \\ \hline 2\ 4 \end{array}$ ② $54 - 4 \rightarrow \begin{array}{r} 5\ 4 \\ -\quad 4 \\ \hline 5\ 0 \end{array}$

③ $68 - 6 \rightarrow \begin{array}{r} 6\ 8 \\ -\quad 6 \\ \hline 6\ 2 \end{array}$ ④ $79 - 5 \rightarrow \begin{array}{r} 7\ 9 \\ -\quad 5 \\ \hline 7\ 4 \end{array}$

⑤ $43 - 1 \rightarrow \begin{array}{r} 4\ 3 \\ -\quad 1 \\ \hline 4\ 2 \end{array}$ ⑥ $98 - 3 \rightarrow \begin{array}{r} 9\ 8 \\ -\quad 3 \\ \hline 9\ 5 \end{array}$

받아내림이 없는 뺄셈 15

16 17

가로셈과 세로셈을 하여 수학 퍼즐을 완성해요.

내가 잘 풀 수 있을까?

$$\begin{array}{c} 15 - 2 = 13 \\ - \\ 5 \\ = \\ 10 \end{array}$$

어렵지 않아. 가로셈과 세로셈으로 생각해서 풀면 돼.

🌱 빈 곳에 알맞은 수를 쓰세요.

① $\begin{array}{c} 26 - 3 = 23 \\ - \\ 5 \\ = \\ 21 \end{array}$ ② $\begin{array}{c} 38 - 1 = 37 \\ - \\ 2 \\ = \\ 36 \end{array}$

③ $\begin{array}{c} 49 - 8 = 41 \\ - \\ 6 \\ = \\ 43 \end{array}$ ④ $\begin{array}{c} 65 - 4 = 61 \\ - \\ 3 \\ = \\ 62 \end{array}$

16 연산 C5

🌱 뺄셈을 하세요.

$$\begin{array}{r} 2\ 5 \\ -\quad 1 \\ \hline 2\ 4 \end{array} \quad \begin{array}{r} 2\ 5 \\ -\quad 1 \\ \hline 2\ 4 \\ (\bigcirc) \end{array} \begin{array}{r} 2\ 5 \\ -\quad 1 \\ \hline 1\ 5 \\ (\times) \end{array}$$

① $\begin{array}{r} 3\ 4 \\ -\quad 2 \\ \hline 3\ 2 \end{array}$ ② $\begin{array}{r} 6\ 8 \\ -\quad 5 \\ \hline 6\ 3 \end{array}$ ③ $\begin{array}{r} 7\ 7 \\ -\quad 6 \\ \hline 7\ 1 \end{array}$

④ $\begin{array}{r} 5\ 6 \\ -\quad 4 \\ \hline 5\ 2 \end{array}$ ⑤ $\begin{array}{r} 1\ 3 \\ -\quad 1 \\ \hline 1\ 2 \end{array}$ ⑥ $\begin{array}{r} 9\ 6 \\ -\quad 3 \\ \hline 9\ 3 \end{array}$

⑦ $\begin{array}{r} 2\ 9 \\ -\quad 7 \\ \hline 2\ 2 \end{array}$ ⑧ $\begin{array}{r} 4\ 8 \\ -\quad 8 \\ \hline 4\ 0 \end{array}$ ⑨ $\begin{array}{r} 6\ 5 \\ -\quad 2 \\ \hline 6\ 3 \end{array}$

공부한 날
월 일

받아내림이 없는 뺄셈 17

정답 **3**

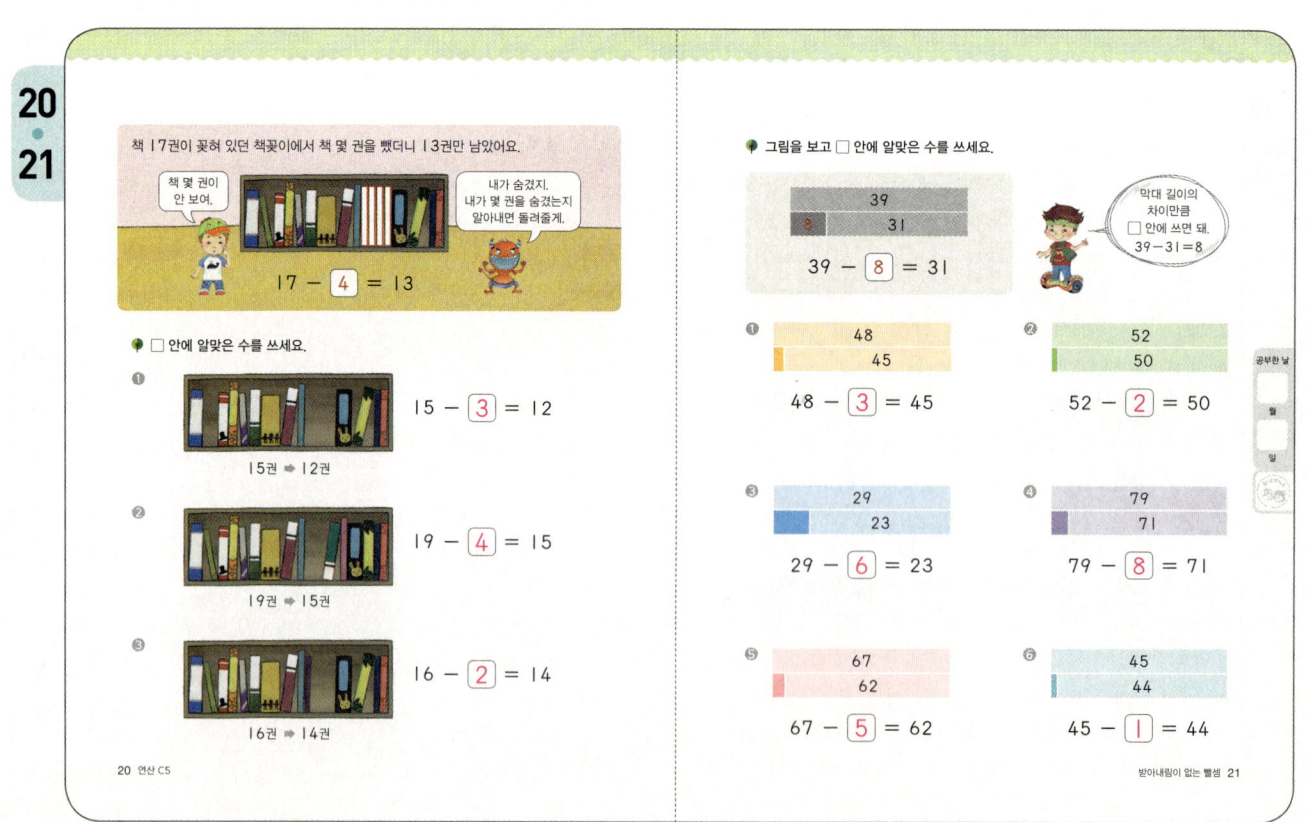

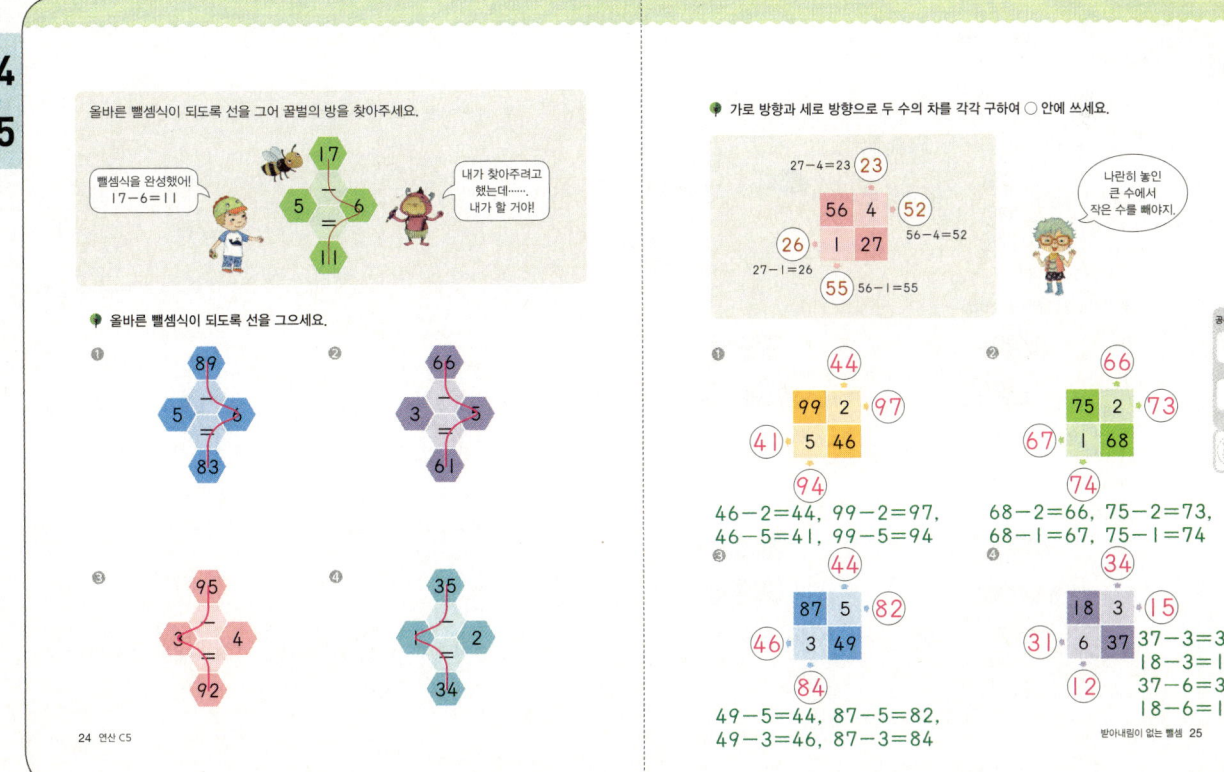

325 재미있는 뺄셈 연습

● 태돌이는 큐리와 티나 중 누구를 만날 수 있을까요? 계산 결과를 따라 가며 선을 잇고 도착한 수에 ○표 하세요.

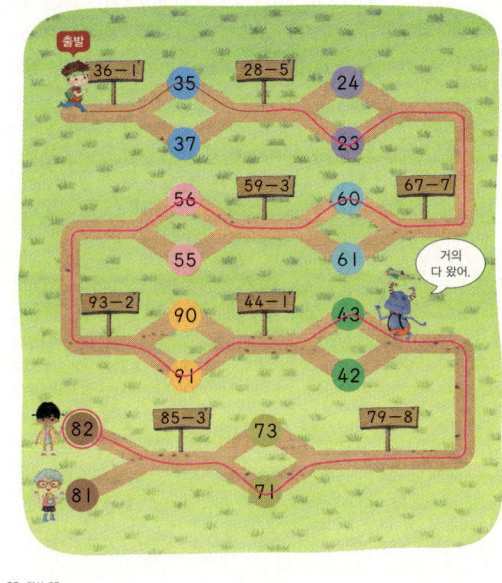

출발

36-1   35   28-5   24
       37   23
       56   59-3   60   67-7
       55   61   거의 다 왔어.
93-2   90   44-1   43
       91   42
(82)   85-3   73   79-8
(81)   71

● 알맞은 식이 되도록 빈 곳에 알맞은 수를 쓰세요.

① 47 − 3 = 44
   −
   5   3
   =
   42 − 1 = 41

② 68 − 2 = 66
   −
   4   5
   =
   64 − 3 = 61

너무 어려워. 엉엉~

맨 위에 있는 식부터 차례로 완성하면 어렵지 않아.

③ 79 − 1 = 78
   −
   6   6
   =
   73 − 1 = 72

④ 39 − 2 = 37
   −
   4   3
   =
   35 − 1 = 34

올바른 뺄셈식이 되도록 선을 그어 꿀벌의 방을 찾아주세요.

뺄셈식을 완성했어! 17−6=11

내가 찾아주려고 했는데…… 내가 할 거야!

17
5   6
11

● 올바른 뺄셈식이 되도록 선을 그으세요.

① 89 / 5 − 6 / 83

② 66 / 3 − 5 / 61

③ 95 / 3 − 4 / 92

④ 35 / − 2 / 34

● 가로 방향과 세로 방향으로 두 수의 차를 각각 구하여 ○ 안에 쓰세요.

27−4=23 (23)
56 4 (52)
(26) 1 27   56−4=52
27−1=26
(55) 56−1=55

나란히 놓인 큰 수에서 작은 수를 빼야지.

공부한 날
월
일

① (44)
   99 2 (97)
   (41) 5 46
   (94)
   46−2=44, 99−2=97,
   46−5=41, 99−5=94

② (66)
   75 2 (73)
   (67) 1 68
   (74)
   68−2=66, 75−2=73,
   68−1=67, 75−1=74

③ (44)
   87 5 (82)
   (46) 3 49
   (84)
   49−5=44, 87−5=82,
   49−3=46, 87−3=84

④ (34)
   18 3 (15)
   (31) 6 37
   (12)
   37−3=34,
   18−3=15,
   37−6=31,
   18−6=12

26 / 27

 무엇을 배웠을까요

🌲 빼는 수만큼 /로 지우고 뺄셈을 하세요.

❶
$$\begin{array}{r} 1\ 9 \\ -\quad 7 \\ \hline \boxed{1\ 2} \end{array}$$

❷
$$\begin{array}{r} 2\ 7 \\ -\quad 3 \\ \hline \boxed{2\ 4} \end{array}$$

❸
$$\begin{array}{r} 3\ 4 \\ -\quad 1 \\ \hline \boxed{3\ 3} \end{array}$$

🌲 그림을 보고 뺄셈을 하세요.

❹ | 11 | 12 | 13 | 14 | 15 | 16 | $16 - 2 = \boxed{14}$

❺ | 40 | 41 | 42 | 43 | 44 | 45 | $45 - 4 = \boxed{41}$

🌲 가로셈을 세로셈으로 나타내고 뺄셈을 하세요.

❻
$16 - 5$
$$\begin{array}{r} 1\ 6 \\ -\quad 5 \\ \hline \boxed{1\ 1} \end{array}$$

❼
$24 - 1$
$$\begin{array}{r} 2\ 4 \\ -\quad \boxed{1} \\ \hline \boxed{2\ 3} \end{array}$$

❽
$67 - 4$
$$\begin{array}{r} 6\ 7 \\ -\quad \boxed{4} \\ \hline \boxed{6\ 3} \end{array}$$

❾
$83 - 2$
$$\begin{array}{r} \boxed{8\ 3} \\ -\quad 2 \\ \hline \boxed{8\ 1} \end{array}$$

🌲 그림을 보고 □ 안에 알맞은 수를 쓰세요.

❿ 13 / 10 $13 - \boxed{3} = 10$

⓫ 28 / 22 $28 - \boxed{6} = 22$

⓬ 26 / 22 $26 - \boxed{4} = 22$

⓭ 39 / 31 $39 - \boxed{8} = 31$

---

30 / 31

326 10에서 빼기

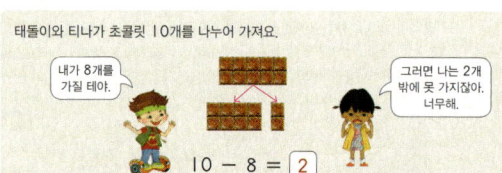
태돌이와 티나가 초콜릿 10개를 나누어 가져요.
내가 8개를 가질 테야.
그러면 나는 2개밖에 못 가지잖아. 너무해.
$10 - 8 = \boxed{2}$

🍀 그림을 보고 뺄셈을 하세요.

❶  $10 - 1 = \boxed{9}$

❷ $10 - 7 = \boxed{3}$

❸ $10 - 5 = \boxed{5}$

❹ $10 - 4 = \boxed{6}$

🍀 /로 표시하여 빼는 수만큼 구슬을 가르고 뺄셈을 하세요.

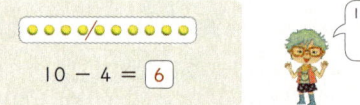
$10 - 4 = \boxed{6}$

10은 4와 6으로 가를 수 있어. $10 - 4 = 6$

❶ $10 - 3 = \boxed{7}$

❷ $10 - 6 = \boxed{4}$

❸ $10 - 8 = \boxed{2}$

❹ $10 - 9 = \boxed{1}$

❺ $10 - 2 = \boxed{8}$

❻ $10 - 1 = \boxed{9}$

❼ $10 - 7 = \boxed{3}$

❽ $10 - 5 = \boxed{5}$

구슬 10개 중에서 2개를 가져가면 8개가 남아요.

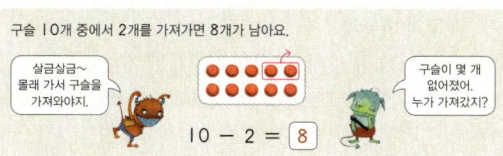

살금살금~
몰래 가서 구슬을
가져와야지.

구슬이 몇 개
없어졌어.
누가 가져갔지?

$10 - 2 = \boxed{8}$

🌱 그림을 보고 뺄셈을 하세요.

① $10 - 5 = \boxed{5}$

② $10 - 9 = \boxed{1}$

③ $10 - 1 = \boxed{9}$

④ $10 - 4 = \boxed{6}$

⑤ $10 - 6 = \boxed{4}$

⑥ $10 - 7 = \boxed{3}$

🌱 뺄셈을 하세요.

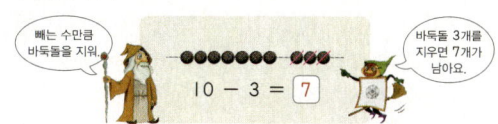

빼는 수만큼
바둑돌을 지워.

바둑돌 3개를
지우면 7개가
남아요.

$10 - 3 = \boxed{7}$

① $10 - 1 = \boxed{9}$ ② $10 - 6 = \boxed{4}$

③ $10 - 8 = \boxed{2}$ ④ $10 - 7 = \boxed{3}$

⑤ $10 - 4 = \boxed{6}$ ⑥ $10 - 5 = \boxed{5}$

⑦ $10 - 2 = \boxed{8}$ ⑧ $10 - 9 = \boxed{1}$

공부한 날
월
일

327 받아내림이 있는 뺄셈

티나가 현우에게 과자를 나누어 줘요.

과자
7개만 줘.

10개 묶음에서
3개, 낱개 6개가
남아.

$16 - 7 = \boxed{9}$

🌱 그림을 보고 □ 안에 알맞은 수를 쓰세요.

① $14 - 7 = \boxed{7}$

② $11 - 3 = \boxed{8}$

③ $15 - 6 = \boxed{9}$

④ $12 - 8 = \boxed{4}$

⑤ $16 - 9 = \boxed{7}$

⑥ $13 - 9 = \boxed{4}$

🌱 □ 안에 알맞은 수를 쓰세요.

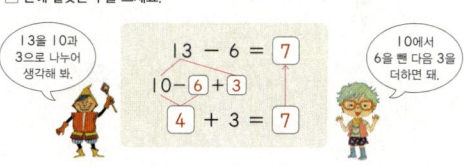

13을 10과
3으로 나누어
생각해 봐.

$13 - 6 = \boxed{7}$
$10 - \boxed{6} + \boxed{3}$
$\boxed{4} + 3 = \boxed{7}$

10에서
6을 뺀 다음 3을
더하면 돼.

① $15 - 9 = \boxed{6}$
$10 - \boxed{9} + \boxed{5}$
$\boxed{1} + 5 = \boxed{6}$

② $12 - 3 = \boxed{9}$
$10 - \boxed{3} + \boxed{2}$
$\boxed{7} + 2 = \boxed{9}$

③ $11 - 2 = \boxed{9}$
$10 - \boxed{2} + \boxed{1}$
$\boxed{8} + 1 = \boxed{9}$

④ $16 - 8 = \boxed{8}$
$10 - \boxed{8} + \boxed{6}$
$\boxed{2} + 6 = \boxed{8}$

⑤ $14 - 6 = \boxed{8}$
$10 - \boxed{6} + \boxed{4}$
$\boxed{4} + 4 = \boxed{8}$

⑥ $13 - 9 = \boxed{4}$
$10 - \boxed{9} + \boxed{3}$
$\boxed{1} + 3 = \boxed{4}$

정답 7

36 · 37

이번에는 현우가 사탕을 달라고 해요.

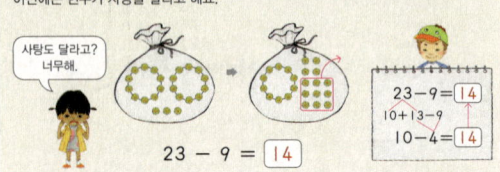

사탕도 달라고?
너무해.

23 − 9 = [14]

23-9=[14]
10+13-9
10-4=[14]

🌱 □ 안에 알맞은 수를 쓰세요.

① 25 − 6 = [19]
10+[15]−6
10 + [9] = [19]

② 62 − 5 = [57]
50+[12]−5
50 + [7] = [57]

③ 81 − 3 = [78]
70+[11]−3
70 + [8] = [78]

④ 94 − 8 = [86]
80+[14]−8
80 + [6] = [86]

🌱 뺄셈을 하세요.

54 − 6 = [48]
40 14

먼저 14에서
6을 빼고
40을 더하면 돼.

① 31 − 7 = [24]
② 44 − 5 = [39]
③ 62 − 3 = [59]
④ 73 − 8 = [65]
⑤ 27 − 9 = [18]
⑥ 42 − 9 = [33]
⑦ 93 − 6 = [87]
⑧ 81 − 2 = [79]
⑨ 55 − 8 = [47]
⑩ 46 − 9 = [37]

공부한 날
일
일

---

38 · 39

328 세로셈

일의 자리 수끼리 뺄 수 없으면 십의 자리에서 10을 받아내림하여 계산해요.

세로셈 위에
저 숫자들은 뭐야?

```
  1 10
  2 2
−   6
─────
  1 6
10+2-6
```

받아내림한 수 10을
일의 자리 위에 쓰고
십의 자리 위에는
2보다 1 작은 수를 써.

🌱 □ 안에 알맞은 수를 쓰세요.

①
```
   3 7
 −   9
```
→
```
  2 10
   3 7
 −   9
──────
     8
10+7-9=8
```
→
```
  2 10
   3 7
 −   9
──────
   2 8
```

②
```
   2 4
 −   8
```
→
```
  1 10
   2 4
 −   8
──────
     6
```
→
```
  1 10
   2 4
 −   8
──────
   1 6
```

③
```
   6 3
 −   5
```
→
```
  5 10
   6 3
 −   5
──────
     8
```
→
```
  5 10
   6 3
 −   5
──────
   5 8
```

🌱 뺄셈을 하세요.

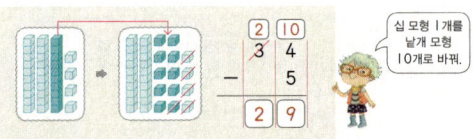

```
  2 10
  3 4
−   5
─────
  2 9
```

십 모형 1개를
낱개 모형
10개로 바꿔.

①
```
  6 10
  7 5
−   9
─────
  6 6
```

②
```
  1 10
  2 1
−   4
─────
  1 7
```

③
```
  5 10
  6 2
−   7
─────
  5 5
```

④
```
  3 10
  4 3
−   5
─────
  3 8
```

⑤
```
  7 10
  8 7
−   9
─────
  7 8
```

⑥
```
  3 10
  4 1
−   3
─────
  3 8
```

⑦
```
  2 10
  3 4
−   8
─────
  2 6
```

⑧
```
  7 10
  8 6
−   8
─────
  7 8
```

⑨
```
  4 10
  5 4
−   6
─────
  4 8
```

빼셈을 바르게 계산하면 정답이 적힌 풍선을 가질 수 있어요.

계산은 큐리가 하고 파란색 풍선은 내가 가질 거야.

🍏 올바른 계산 결과에 ◯표 하세요.

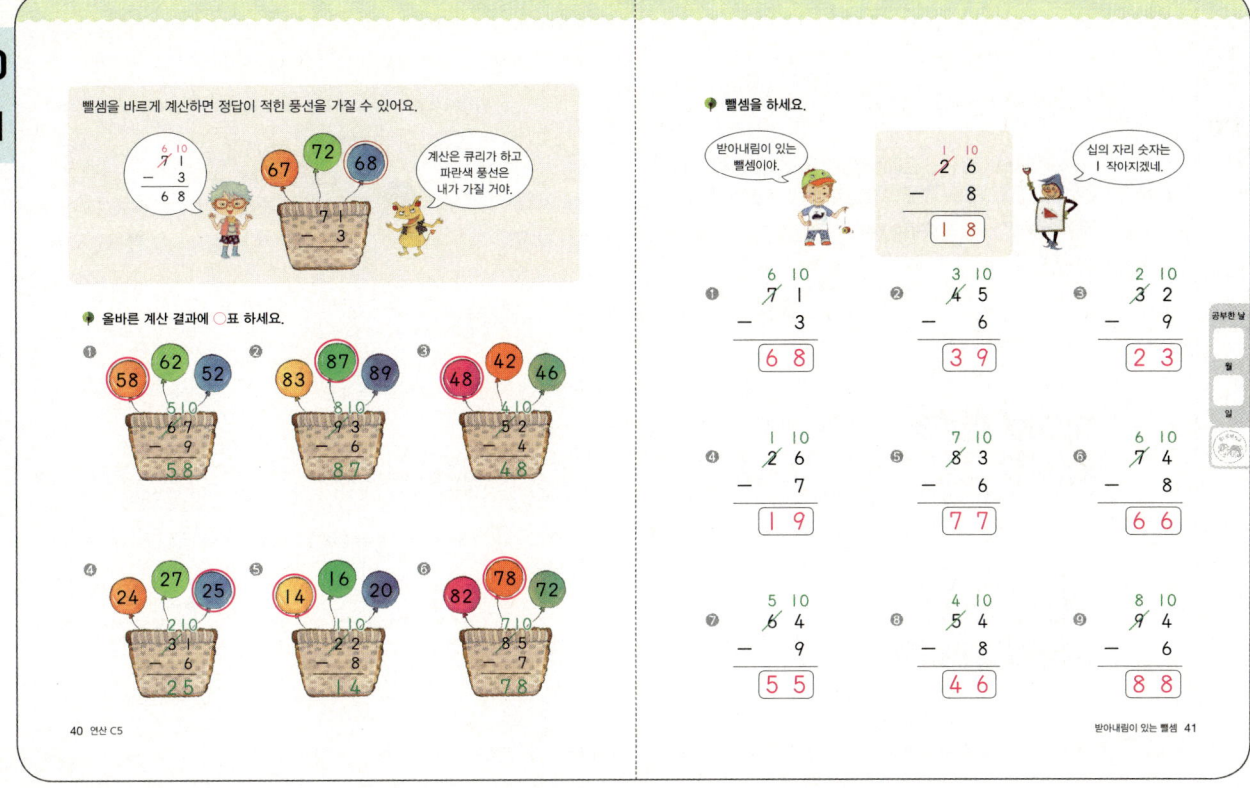

🍏 뺄셈을 하세요.

받아내림이 있는 뺄셈이야.

십의 자리 숫자는 1 작아지겠네.

329 □가 있는 뺄셈

바구니 안의 사과를 5개 먹었더니 사과가 27개 남았어요.

처음에 몇 개가 있었을까?

몰라~ 난 먹기만 했다고.

$\boxed{32} - 5 = 27$

🍏 먹은 사과의 수만큼 ◯를 그리고 □ 안에 알맞은 수를 쓰세요.

❶ 먹은 사과: 4개
$\boxed{23} - 4 = 19$

❷ 먹은 사과: 8개
$\boxed{33} - 8 = 25$

❸ 먹은 사과: 9개
$\boxed{35} - 9 = 26$

🍏 그림을 보고 □ 안에 알맞은 수를 쓰세요.

2만큼 빼면 19가 남아. 전체는 얼마일까?

$\boxed{21} - 2 = 19$

❶ $\boxed{33} - 6 = 27$

❷ $\boxed{21} - 4 = 17$

❸ $\boxed{42} - 9 = 33$

❹ $\boxed{37} - 8 = 29$

❺ $\boxed{23} - 5 = 18$

❻ $\boxed{42} - 7 = 35$

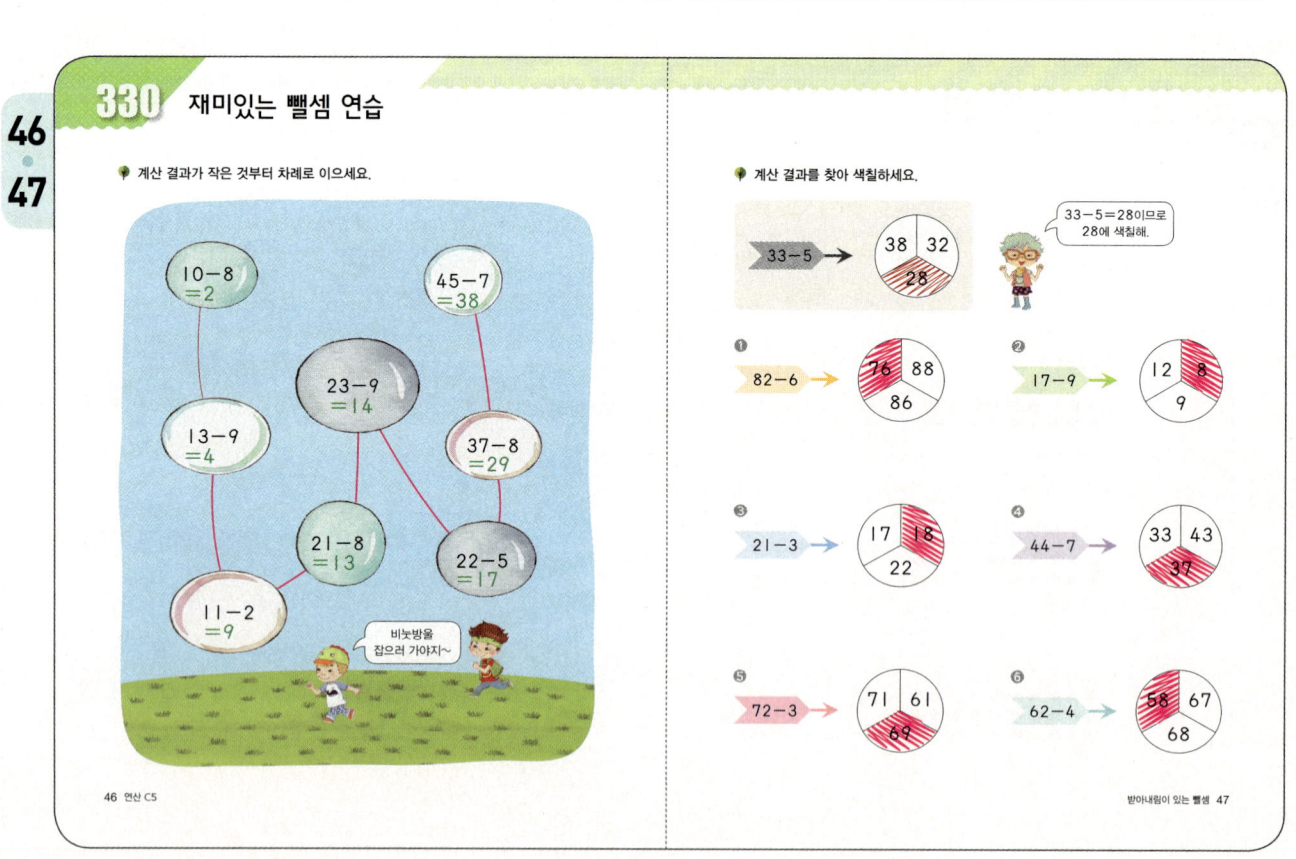

44 / 45

달걀 25개 중에서 병아리 몇 마리가 태어났어요.

25 17

처음 달걀 수에서 남은 달걀 수를 빼면 돼.

$25 - \boxed{8} = 17$

🍀 그림을 보고 □ 안에 알맞은 수를 쓰세요.

① 36 → 29
$36 - \boxed{7} = 29$

② 41 → 36
$41 - \boxed{5} = 36$

🍀 저금통에서 꺼낸 1원짜리 동전의 수만큼 /로 지우고 □ 안에 알맞은 수를 쓰세요.

내가 얼마를 꺼냈는지 맞춰 봐.

31원에서 7원을 꺼내면 24원이 남아.

$31 - \boxed{7} = 24$

공부한 날
월
일

① $21 - \boxed{5} = 16$
② $24 - \boxed{8} = 16$
③ $34 - \boxed{6} = 28$
④ $35 - \boxed{8} = 27$
⑤ $42 - \boxed{7} = 35$
⑥ $48 - \boxed{9} = 39$

44 연산 C5 받아내림이 있는 뺄셈 45

46 / 47

330 재미있는 뺄셈 연습

🍀 계산 결과가 작은 것부터 차례로 이으세요.

10-8 =2
45-7 =38
23-9 =14
13-9 =4
37-8 =29
21-8 =13
22-5 =17
11-2 =9

비눗방울 잡으러 가야지~

🍀 계산 결과를 찾아 색칠하세요.

33-5 → 38 32 28

33-5=28이므로 28에 색칠해.

① 82-6 → 76 88 86
② 17-9 → 12 8 9
③ 21-3 → 17 18 22
④ 44-7 → 33 43 37
⑤ 72-3 → 71 61 69
⑥ 62-4 → 58 67 68

46 연산 C5 받아내림이 있는 뺄셈 47

10 연산 C5

48
49

자동차가 갈림길을 지나가려고 해요.

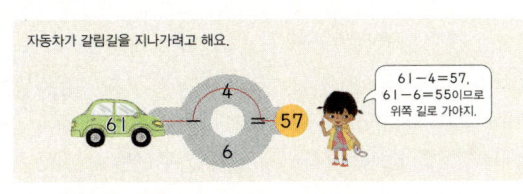

61-4=57,
61-6=55이므로
위쪽 길로 가야지.

🌱 올바른 뺄셈식이 되도록 선을 그으세요.

①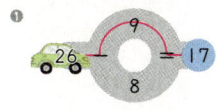

②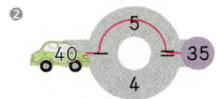

③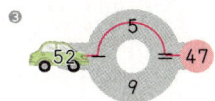

④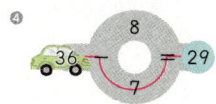

⑤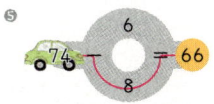

⑥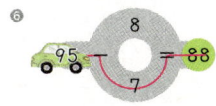

48 연산 C5

🌱 새들이 뺄셈 편지를 우체통에 넣으려고 해요. 알맞은 우체통에 계산 결과를 쓰세요.

받아내림이 있는 뺄셈 49

50
51

🧩 **무엇을 배웠을까요**

🔺 □ 안에 알맞은 수를 쓰세요.

① 14 - 7 = 7
10-7+4
3 + 4 = 7

② 17 - 9 = 8
10-9+7
1 + 7 = 8

③ 32 - 4 = 28
20+12-4
20 + 8 = 28

④ 45 - 8 = 37
30+15-8
30 + 7 = 37

🔺 빼는 수만큼 /로 지우고 뺄셈을 하세요.

⑤
12 - 5 = 7

⑥
15 - 6 = 9

⑦
16 - 8 = 8

⑧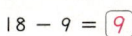
18 - 9 = 9

50 연산 C5

🔺 뺄셈을 하세요.

⑨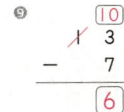
(10)
✗ 3
- 7
6

⑩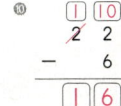
1 10
2 2
- 6
1 6

⑪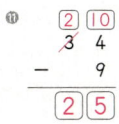
2 10
3 4
- 9
2 5

⑫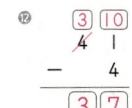
3 10
4 1
- 4
3 7

⑬
4 10
5 6
- 8
4 8

⑭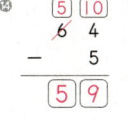
5 10
6 4
- 5
5 9

🔺 그림을 보고 □ 안에 알맞은 수를 쓰세요.

⑮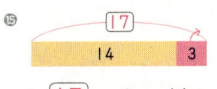
17 - 3 = 14

⑯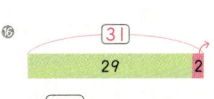
31 - 2 = 29

⑰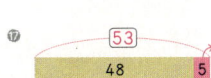
53 - 5 = 48

⑱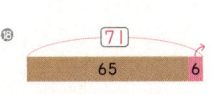
71 - 6 = 65

받아내림이 있는 뺄셈 51

331 몇십에서 빼기

지갑에서 동전을 꺼내려고 해요.

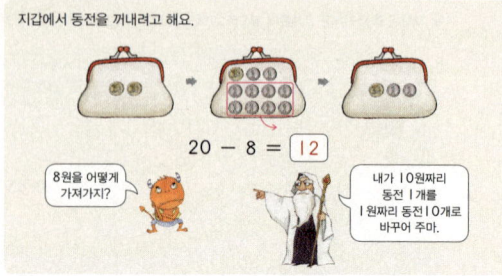

20 − 8 = 12

8원을 어떻게 가져가지?

내가 10원짜리 동전 1개를 1원짜리 동전 10개로 바꾸어 주마.

🍀 그림을 보고 뺄셈을 하세요.

❶    20 − 5 = 15

❷   60 − 6 = 54

❸   50 − 4 = 46

🍀 ☐ 안에 알맞은 수를 쓰세요.

60 − 8 = 52
50 +10−8
50 + 2 = 52

10에서 8을 빼면 2가 되고 50과 2를 더하면 52가 돼.

❶ 20 − 6 = 14
10 +10−6
10 + 4 = 14

❷ 30 − 2 = 28
20 +10−2
20 + 8 = 28

❸ 70 − 5 = 65
60 +10−5
60 + 5 = 65

❹ 90 − 1 = 89
80 +10−1
80 + 9 = 89

❺ 50 − 9 = 41
40 +10−9
40 + 1 = 41

❻ 80 − 7 = 73
70 +10−7
70 + 3 = 73

태돌이가 뺄셈 부채를 만들고 있어요.

40에서 각각 6, 3, 7을 빼서 빈 곳을 채우는 거야.

40−6=34
40−3=37
40−7=33

37
34 −3 33
−6 −7
40

🍀 빈 곳에 알맞은 수를 쓰세요.

❶
75
78 −5 71
−2 −9
80

❷
41
43 −9 42
−7 −8
50

❸
68
69 −2 64
−1 −6
70

❹
26
25 −4 27
−5 −3
30

❺
56
57 −4 52
−3 −8
60

❻
85
89 −5 84
−1 −6
90

🍀 뺄셈을 하세요.

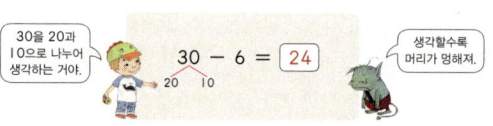
30을 20과 10으로 나누어 생각하는 거야.
30 − 6 = 24
20 10
생각할수록 머리가 멍해져.

❶ 50 − 9 = 41

❷ 70 − 3 = 67

❸ 60 − 4 = 56

❹ 20 − 1 = 19

❺ 50 − 5 = 45

❻ 90 − 7 = 83

❼ 30 − 2 = 28

❽ 40 − 6 = 34

❾ 80 − 8 = 72

❿ 60 − 3 = 57

공부한 날
월
일

58
59

332 빼기 10

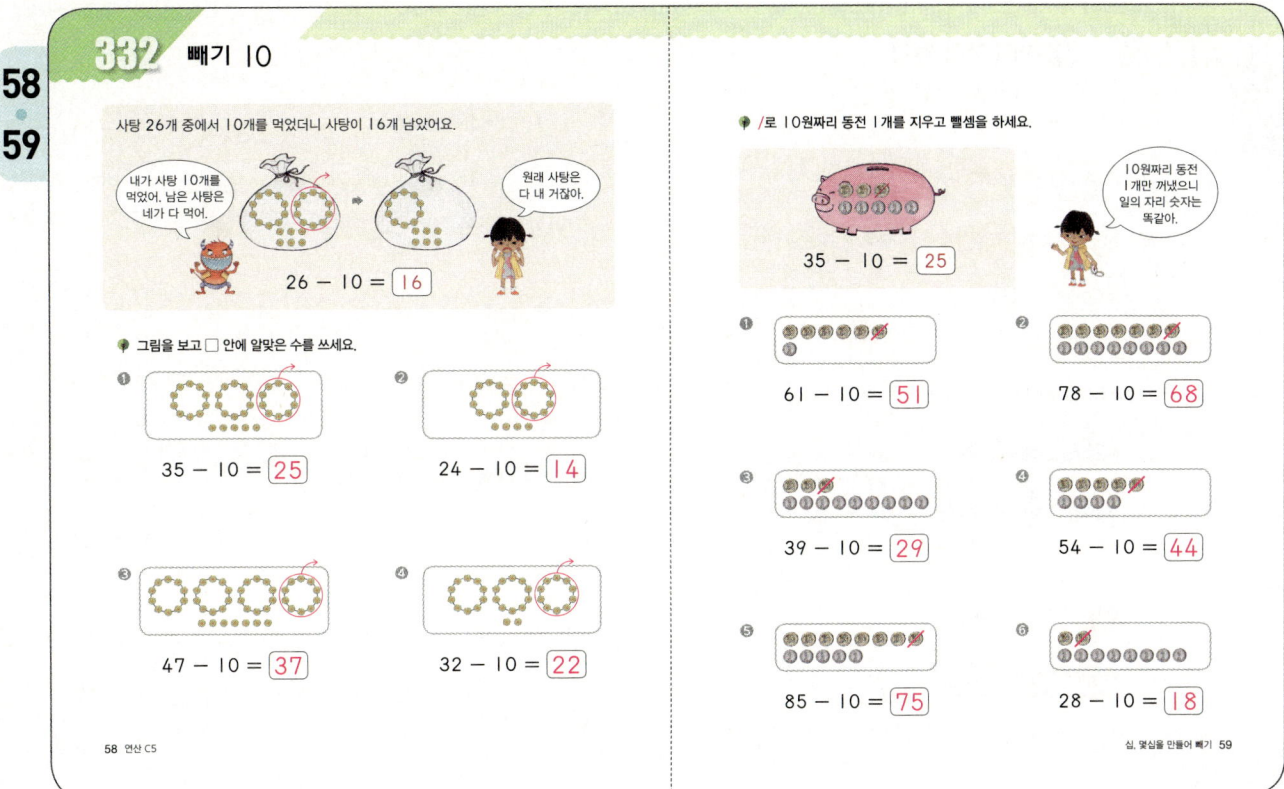

사탕 26개 중에서 10개를 먹었더니 사탕이 16개 남았어요.

내가 사탕 10개를 먹었어. 남은 사탕은 네가 다 먹어.

원래 사탕은 다 내 거잖아.

26 - 10 = 16

🖐 그림을 보고 □ 안에 알맞은 수를 쓰세요.

① 35 - 10 = 25

② 24 - 10 = 14

③ 47 - 10 = 37

④ 32 - 10 = 22

🖐 /로 10원짜리 동전 1개를 지우고 뺄셈을 하세요.

10원짜리 동전 1개만 꺼냈으니 일의 자리 숫자는 똑같아.

35 - 10 = 25

① 61 - 10 = 51

② 78 - 10 = 68

③ 39 - 10 = 29

④ 54 - 10 = 44

⑤ 85 - 10 = 75

⑥ 28 - 10 = 18

60
61

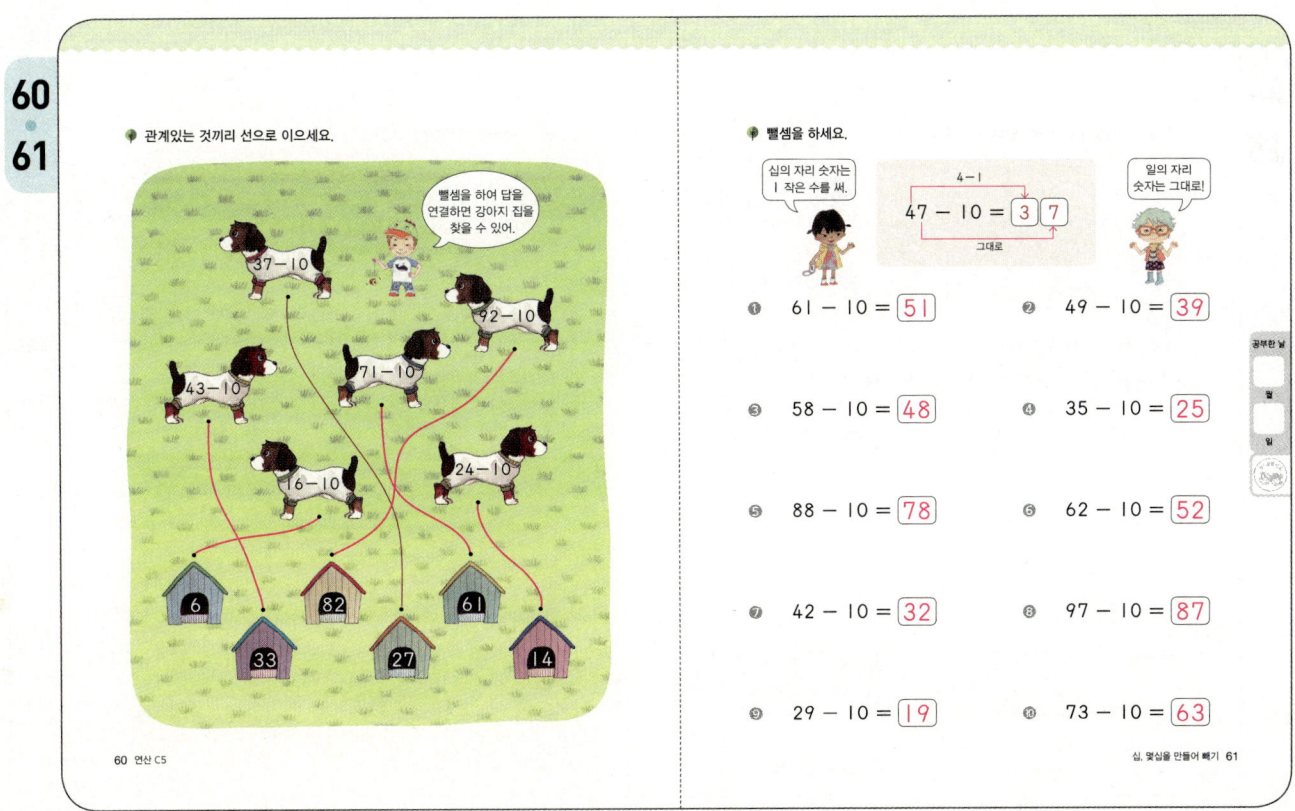

🖐 관계있는 것끼리 선으로 이으세요.

뺄셈을 하여 답을 연결하면 강아지 집을 찾을 수 있어.

37-10
92-10
43-10
71-10
16-10
24-10

6
82
61
33
27
14

🖐 뺄셈을 하세요.

십의 자리 숫자는 1 작은 수를 써.

4-1

47 - 10 = 3 7

그대로

일의 자리 숫자는 그대로!

① 61 - 10 = 51

② 49 - 10 = 39

③ 58 - 10 = 48

④ 35 - 10 = 25

⑤ 88 - 10 = 78

⑥ 62 - 10 = 52

⑦ 42 - 10 = 32

⑧ 97 - 10 = 87

⑨ 29 - 10 = 19

⑩ 73 - 10 = 63

공부한 날

월

일

333 10을 이용하여 빼기

큐리가 테이프를 이용하여 뺄셈을 해요.

$$23 - 9 = \boxed{14}$$
$$24 - 10 = \boxed{14}$$

10을 만들기 위해 9에 1을 더했어.

1씩 더해도 답이 똑같아.

그림을 보고 □ 안에 알맞은 수를 쓰세요.

❶
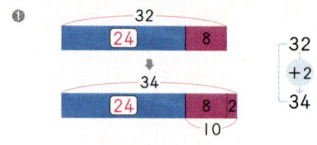

$$32 - 8 = \boxed{24}$$
$$34 - 10 = \boxed{24}$$

❷
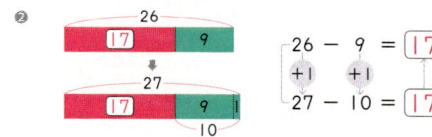

$$26 - 9 = \boxed{17}$$
$$27 - 10 = \boxed{17}$$

□ 안에 알맞은 수를 쓰세요.

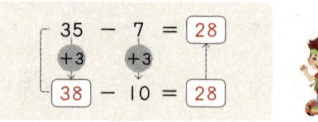

$$35 - 7 = \boxed{28}$$
$$38 - 10 = \boxed{28}$$

빼어지는 수와 빼는 수에 똑같이 3을 더해.

❶ $45 - 9 = \boxed{36}$
$\boxed{46} - 10 = \boxed{36}$

❷ $53 - 8 = \boxed{45}$
$\boxed{55} - 10 = \boxed{45}$

❸ $84 - 8 = \boxed{76}$
$\boxed{86} - 10 = \boxed{76}$

❹ $71 - 7 = \boxed{64}$
$\boxed{74} - 10 = \boxed{64}$

❺ $62 - 9 = \boxed{53}$
$\boxed{63} - 10 = \boxed{53}$

❻ $96 - 9 = \boxed{87}$
$\boxed{97} - 10 = \boxed{87}$

티나가 수 모형을 이용하여 뺄셈을 하고 있어요.

10을 빼고, 1을 더하면 9를 빼는 것과 같아.

$22 \xrightarrow{-10} \boxed{12} \xrightarrow{+1} \boxed{13}$

$$22 - 9 = \boxed{13}$$

빈 곳에 알맞은 수를 쓰세요.

❶ $72 \xrightarrow{-10} \boxed{62} \xrightarrow{+1} \boxed{63}$
$72 - 9 = \boxed{63}$

❷ $34 \xrightarrow{-10} \boxed{24} \xrightarrow{+2} \boxed{26}$
$34 - 8 = \boxed{26}$

❸ $85 \xrightarrow{-10} \boxed{75} \xrightarrow{+3} \boxed{78}$
$85 - 7 = \boxed{78}$

❹ $28 \xrightarrow{-10} \boxed{18} \xrightarrow{+1} \boxed{19}$
$28 - 9 = \boxed{19}$

❺ $61 \xrightarrow{-10} \boxed{51} \xrightarrow{+2} \boxed{53}$
$61 - 8 = \boxed{53}$

❻ $43 \xrightarrow{-10} \boxed{33} \xrightarrow{+1} \boxed{34}$
$43 - 9 = \boxed{34}$

10을 이용하여 뺄셈을 하세요.

8을 빼는 것은 10을 빼고, 다시 2를 더하는 것과 같아.

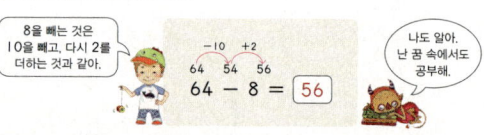

$$64 - 8 = \boxed{56}$$

나도 알아. 난 꿈 속에서도 공부해.

❶ $55 - 8 = \boxed{47}$
❷ $26 - 9 = \boxed{17}$
❸ $41 - 7 = \boxed{34}$
❹ $73 - 8 = \boxed{65}$
❺ $92 - 9 = \boxed{83}$
❻ $34 - 7 = \boxed{27}$
❼ $63 - 8 = \boxed{55}$
❽ $81 - 9 = \boxed{72}$
❾ $22 - 8 = \boxed{14}$
❿ $54 - 9 = \boxed{45}$

공부한 날
월
일

334 몇십을 이용하여 계산하기

태돌이와 티나가 수 모형을 이용하여 뺄셈을 해요.

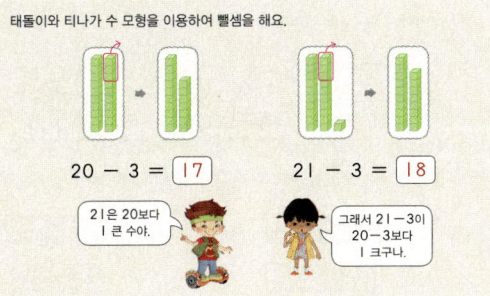

$$20 - 3 = \boxed{17} \qquad 21 - 3 = \boxed{18}$$

21은 20보다 1 큰 수야.

그래서 21-3이 20-3보다 1 크구나.

🍃 □ 안에 알맞은 수를 쓰세요.

❶
$$20 - 8 = \boxed{12}$$
$$\scriptsize +5 \qquad +5$$
$$25 - 8 = \boxed{17}$$

❷
$$60 - 4 = \boxed{56}$$
$$\scriptsize +1 \qquad +1$$
$$61 - 4 = \boxed{57}$$

❸
$$50 - 8 = \boxed{42}$$
$$\scriptsize +4 \qquad +4$$
$$54 - 8 = \boxed{46}$$

❹
$$30 - 6 = \boxed{24}$$
$$\scriptsize +5 \qquad +5$$
$$35 - 6 = \boxed{29}$$

🍃 몇십을 이용하여 뺄셈을 하세요.

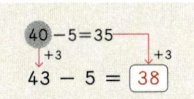
$$40 - 5 = 35$$
$$\scriptsize +3 \qquad\qquad +3$$
$$43 - 5 = \boxed{38}$$

43이 40보다 3 큰 수라는 걸 생각해.

❶ $25 - 7 = \boxed{18}$ ❷ $61 - 5 = \boxed{56}$

❸ $54 - 7 = \boxed{47}$ ❹ $35 - 8 = \boxed{27}$

❺ $81 - 3 = \boxed{78}$ ❻ $94 - 7 = \boxed{87}$

❼ $43 - 5 = \boxed{38}$ ❽ $76 - 9 = \boxed{67}$

❾ $95 - 9 = \boxed{86}$ ❿ $62 - 8 = \boxed{54}$

현우가 수 카드를 이용하여 뺄셈을 해요.

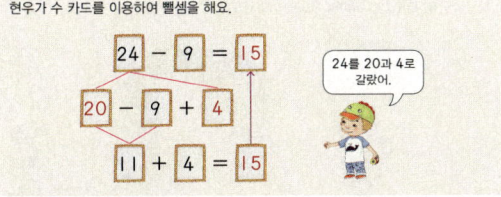

$$24 - 9 = \boxed{15}$$
$$20 - 9 + 4$$
$$11 + 4 = \boxed{15}$$

24를 20과 4로 갈랐어.

🍃 □ 안에 알맞은 수를 쓰세요.

❶
$$36 - 8 = \boxed{28}$$
$$\boxed{30} - 8 + \boxed{6}$$
$$\boxed{22} + \boxed{6} = \boxed{28}$$

❷
$$52 - 5 = \boxed{47}$$
$$\boxed{50} - 5 + \boxed{2}$$
$$\boxed{45} + \boxed{2} = \boxed{47}$$

❸
$$93 - 7 = \boxed{86}$$
$$\boxed{90} - 7 + \boxed{3}$$
$$\boxed{83} + \boxed{3} = \boxed{86}$$

❹
$$61 - 4 = \boxed{57}$$
$$\boxed{60} - 4 + \boxed{1}$$
$$\boxed{56} + \boxed{1} = \boxed{57}$$

🍃 뺄셈을 하세요.

수 가르기를 기억해 봐.

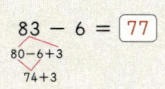
$$83 - 6 = \boxed{77}$$
$$80 - 6 + 3$$
$$74 + 3$$

이 정도 뺄셈은 이제 쉽지?

❶ $52 - 4 = \boxed{48}$ ❷ $34 - 5 = \boxed{29}$

❸ $31 - 5 = \boxed{26}$ ❹ $86 - 8 = \boxed{78}$

❺ $64 - 7 = \boxed{57}$ ❻ $75 - 9 = \boxed{66}$

❼ $43 - 4 = \boxed{39}$ ❽ $62 - 8 = \boxed{54}$

❾ $21 - 3 = \boxed{18}$ ❿ $96 - 9 = \boxed{87}$

공부한 날
월
일

335 십, 몇십으로 계산하기

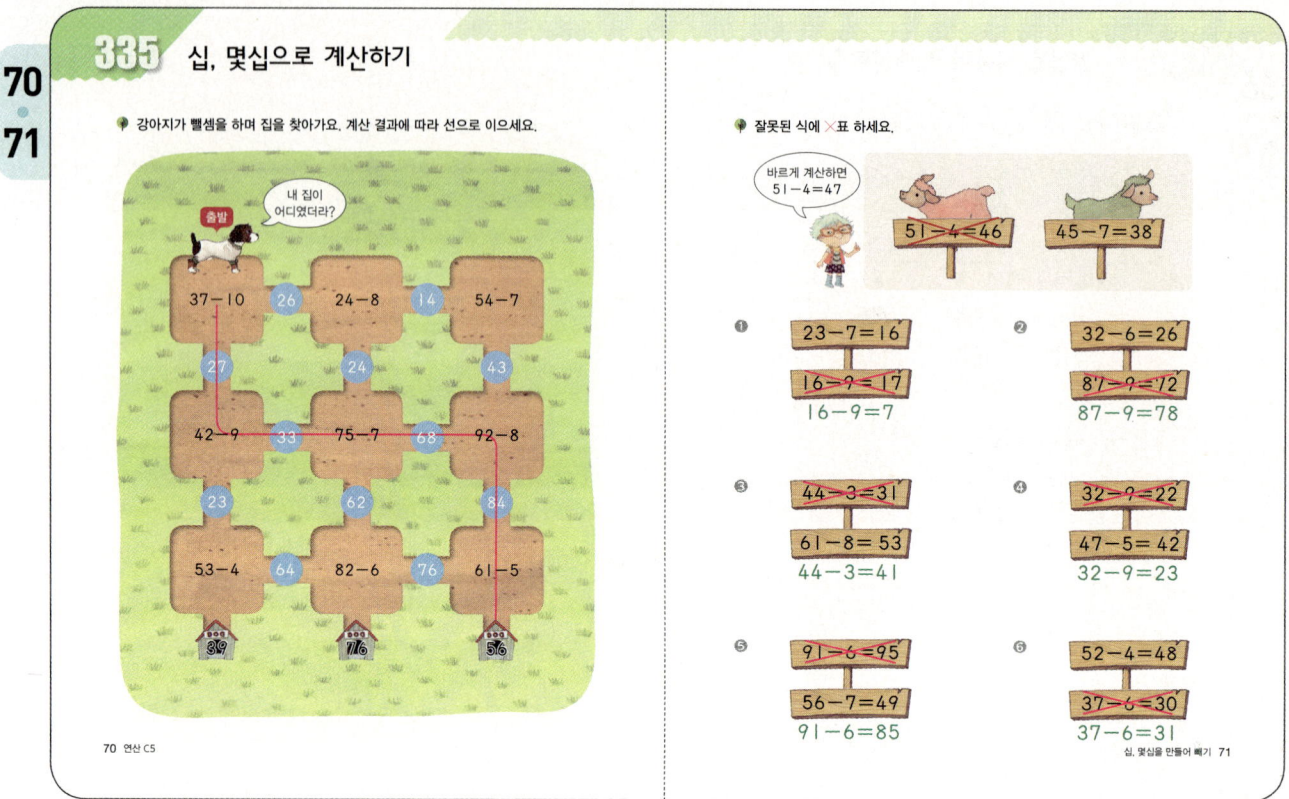

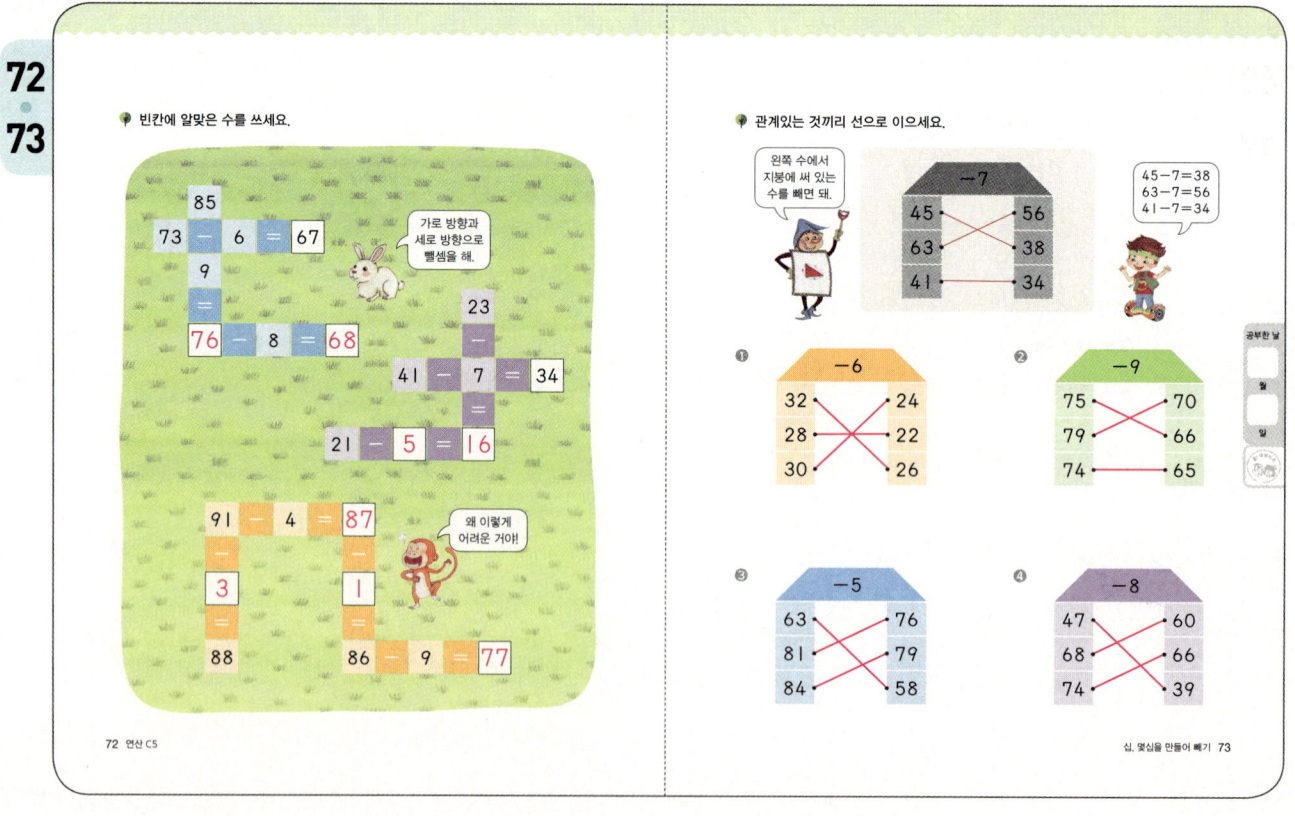

74 · 75 무엇을 배웠을까요

♣ 그림을 보고 뺄셈을 하세요.

❶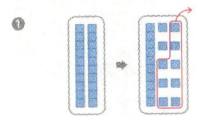

$20 - 8 = \boxed{12}$

❷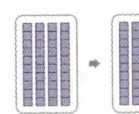

$40 - 3 = \boxed{37}$

❸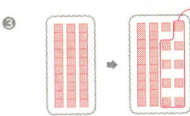

$30 - 9 = \boxed{21}$

❹

$30 - 5 = \boxed{25}$

♣ 뺄셈을 하세요.

❺ $16 - 10 = \boxed{6}$ 　　❻ $29 - 10 = \boxed{19}$

❼ $86 - 10 = \boxed{76}$ 　　❽ $77 - 10 = \boxed{67}$

❾ $43 - 10 = \boxed{33}$ 　　❿ $65 - 10 = \boxed{55}$

74 연산 C5

♣ 빈칸에 알맞은 수를 쓰세요.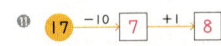

⓫ 17 $\xrightarrow{-10}$ $\boxed{7}$ $\xrightarrow{+1}$ $\boxed{8}$

$17 - 9 = \boxed{8}$

⓬ 26 $\xrightarrow{-10}$ $\boxed{16}$ $\xrightarrow{+2}$ $\boxed{18}$

$26 - 8 = \boxed{18}$

⓭ 62 $\xrightarrow{-10}$ $\boxed{52}$ $\xrightarrow{+3}$ $\boxed{55}$

$62 - 7 = \boxed{55}$

⓮ 55 $\xrightarrow{-10}$ $\boxed{45}$ $\xrightarrow{+2}$ $\boxed{47}$

$55 - 8 = \boxed{47}$

⓯ 48 $\xrightarrow{-10}$ $\boxed{38}$ $\xrightarrow{+1}$ $\boxed{39}$

$48 - 9 = \boxed{39}$

⓰ 81 $\xrightarrow{-10}$ $\boxed{71}$ $\xrightarrow{+3}$ $\boxed{74}$

$81 - 7 = \boxed{74}$

♣ □ 안에 알맞은 수를 쓰세요.

⓱ $22 - 5 = \boxed{17}$
$\boxed{20} - 5 + 2$
$\boxed{15} + \boxed{2} = \boxed{17}$

⓲ $38 - 9 = \boxed{29}$
$\boxed{30} - 9 + 8$
$\boxed{21} + \boxed{8} = \boxed{29}$

⓳ $63 - 4 = \boxed{59}$
$\boxed{60} - 4 + \boxed{3}$
$\boxed{56} + \boxed{3} = \boxed{59}$

⓴ $93 - 7 = \boxed{86}$
$\boxed{90} - 7 + \boxed{3}$
$\boxed{83} + \boxed{3} = \boxed{86}$

공부한 날

월

일

십, 몇십을 만들어 빼기 75

78 · 79 336 덧셈을 이용하여 뺄셈하기

두 막대의 길이의 합은 18이에요.

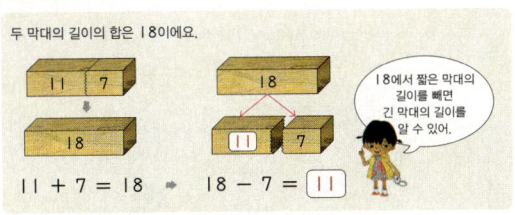

18에서 짧은 막대의 길이를 빼면 긴 막대의 길이를 알 수 있어.

$11 + 7 = 18$　　$18 - 7 = \boxed{11}$

♣ 그림과 덧셈식을 보고 □ 안에 알맞은 수를 쓰세요.

❶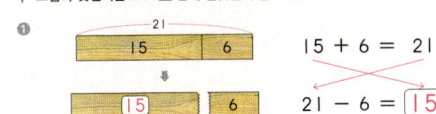

$15 + 6 = 21$
$21 - 6 = \boxed{15}$

❷
13 ─ 7 (20)

$13 + 7 = 20$
$20 - 7 = \boxed{13}$

78 연산 C5

♣ 덧셈식을 이용하여 뺄셈식을 완성하세요.

$13 + 8 = 21$ ➡ $21 - \boxed{8} = \boxed{13}$

덧셈식과 뺄셈식의 숫자의 위치를 잘 생각해서 식을 만들어.

으앙~ 저는 모르겠어요.

❶ $41 + 3 = 44$ ➡ $44 - \boxed{3} = \boxed{41}$

❷ $39 + 7 = 46$ ➡ $46 - \boxed{7} = \boxed{39}$

❸ $73 + 8 = 81$ ➡ $81 - \boxed{8} = \boxed{73}$

❹ $56 + 6 = 62$ ➡ $62 - \boxed{6} = \boxed{56}$

❺ $27 + 5 = 32$ ➡ $32 - \boxed{5} = \boxed{27}$

덧셈을 이용하여 뺄셈하기 79

정답 **17**

80·81

현우는 길이를 모르는 막대를 가지고 있어요.

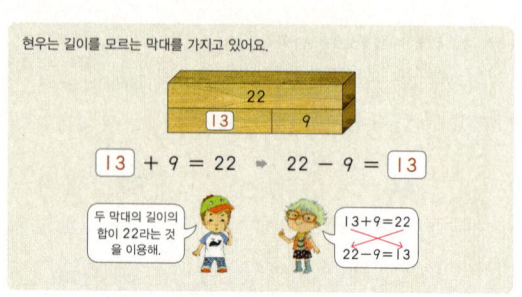

13 + 9 = 22 ➡ 22 − 9 = 13

🌱 그림을 보고 덧셈식과 뺄셈식을 완성하세요.

❶
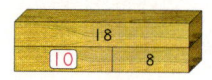

10 + 8 = 18 ➡ 18 − 8 = 10

❷

17 + 6 = 23 ➡ 23 − 6 = 17

🌱 덧셈을 이용하여 뺄셈을 하세요.

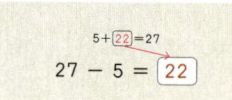

5 + 22 = 27

27 − 5 = 22

5+20=25
5+21=26
5+22=27
찾았다!

❶ 41 − 1 = 40

❷ 72 − 3 = 69

❸ 35 − 7 = 28

❹ 52 − 5 = 47

❺ 24 − 6 = 18

❻ 38 − 4 = 34

❼ 59 − 8 = 51

❽ 78 − 9 = 69

❾ 71 − 4 = 67

❿ 37 − 1 = 36

공부한 날
월
일

82·83

337 덧셈식을 이용하여 뺄셈식 완성하기

태돌이와 티나가 덧셈 퍼즐을 이용하여 뺄셈 퍼즐을 만들어요.

13 + 4 = 17 ➡ 17 − 4 = 13

어느 조각이 빠진 거지?

17−4=13이니까 4를 찾아.

🌱 덧셈 퍼즐을 보고 뺄셈 퍼즐을 완성하세요.

❶ 25 + 7 = 32 ➡ 32 − 7 = 25

❷ 17 + 9 = 26 ➡ 26 − 9 = 17

❸ 41 + 3 = 44 ➡ 44 − 3 = 41

❹ 63 + 5 = 68 ➡ 68 − 5 = 63

🌱 덧셈식을 이용하여 뺄셈식을 완성하세요.

27 + 5 = 32 ➡ 32 − 5 = 27
32 − 5 = 27

덧셈식을 보면 뺄셈식을 바로 완성할 수 있어. 너도 할 수 있지?

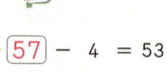
여전히 어려워.

❶ 53 + 4 = 57 ➡ 57 − 4 = 53
57 − 4 = 53

❷ 61 + 8 = 69 ➡ 69 − 8 = 61
69 − 8 = 61

❸ 38 + 6 = 44 ➡ 44 − 6 = 38
44 − 6 = 38

큐리가 작은 막대의 길이를 구하려고 해요.

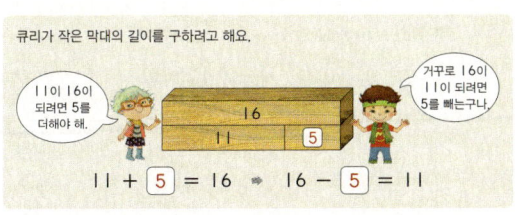

- 11이 16이 되려면 5를 더해야 해.
- 거꾸로 16이 11이 되려면 5를 빼는구나.

$$11 + \boxed{5} = 16 \Rightarrow 16 - \boxed{5} = 11$$

🌱 관계있는 것끼리 선으로 이으세요.

①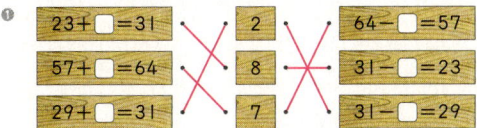

$23+\square=31$	2	$64-\square=57$
$57+\square=64$	8	$31-\square=23$
$29+\square=31$	7	$31-\square=29$

②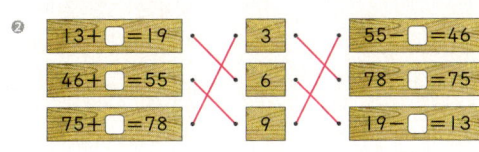

$13+\square=19$	3	$55-\square=46$
$46+\square=55$	6	$78-\square=75$
$75+\square=78$	9	$19-\square=13$

🌱 □ 안에 알맞은 수를 찾아 선으로 연결하세요.

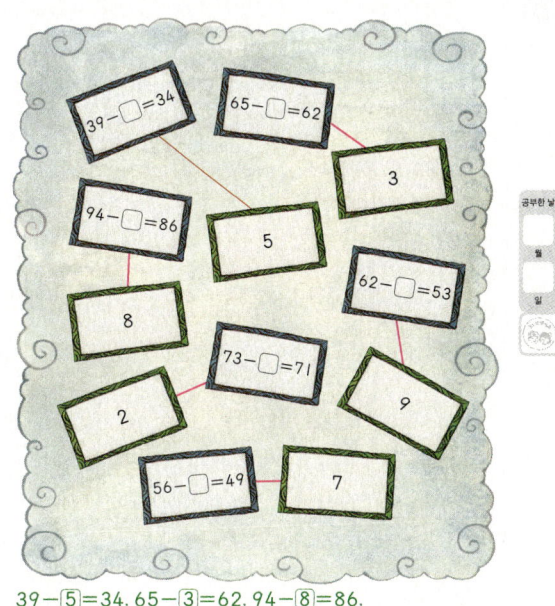

$39-\boxed{5}=34, 65-\boxed{3}=62, 94-\boxed{8}=86,$
$62-\boxed{9}=53, 73-\boxed{2}=71, 56-\boxed{7}=49$

338 벌레 먹은 셈

애벌레가 식이 적힌 잎사귀를 먹어 뺄셈식이 잘 보이지 않아요.

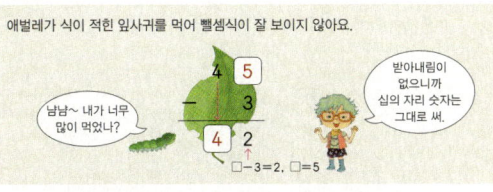

- 냠냠~ 내가 너무 많이 먹었나?
- 받아내림이 없으니까 십의 자리 숫자는 그대로 써.

$$\begin{array}{r} 4\ \boxed{5} \\ -\ \ 3 \\ \hline 4\ 2 \end{array}$$

$\square-3=2, \square=5$

🌱 일의 자리 숫자부터 차례로 생각하여 □ 안에 알맞은 수를 쓰세요.

①

$$\begin{array}{r} 2\ \boxed{7} \\ -\ \square\ 1 \\ \hline \boxed{2}\ 6 \end{array} \Rightarrow \begin{array}{r} 2\ \boxed{7} \\ -\ \square\ 1 \\ \hline \boxed{2}\ 6 \end{array}$$

$\square-1=6$

②

$$\begin{array}{r} \boxed{5}\ 7 \\ -\ \boxed{5}\ \square \\ \hline 5\ 2 \end{array} \Rightarrow \begin{array}{r} \boxed{5}\ 7 \\ -\ \boxed{5}\ \square \\ \hline 5\ 2 \end{array}$$

$7-\square=2$

🌱 필요한 숫자 카드에 모두 ○표 하고 뺄셈식을 완성하세요.

| 4 | 2 | 3 | 8 |

$$\begin{array}{r} 3\ \boxed{8} \\ -\ \ 5 \\ \hline \boxed{3}\ 3 \end{array}$$

- 일의 자리 숫자는 □-5=3, □=8 이고, 십의 자리 숫자는 그대로 써!

①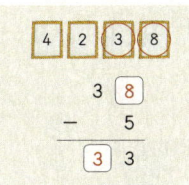

| 8 | 5 | 9 | 7 |

$$\begin{array}{r} \boxed{9}\ 6 \\ -\ \boxed{5} \\ \hline 9\ 1 \end{array}$$

$6-\square=1, \square=5$

②

| 5 | 6 | 8 | 4 |

$$\begin{array}{r} 6\ \boxed{8} \\ -\ \ 2 \\ \hline \boxed{6}\ 6 \end{array}$$

$\square-2=6, \square=8$

③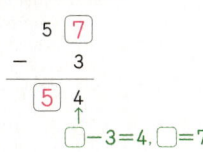

| 7 | 5 | 6 | 1 |

$$\begin{array}{r} 5\ \boxed{7} \\ -\ \ 3 \\ \hline \boxed{5}\ 4 \end{array}$$

$\square-3=4, \square=7$

④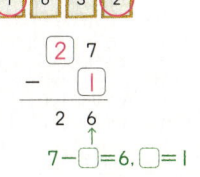

| 1 | 6 | 3 | 2 |

$$\begin{array}{r} \boxed{2}\ 7 \\ -\ \boxed{1} \\ \hline 2\ 6 \end{array}$$

$7-\square=6, \square=1$

88 · 89

티나와 태돌이가 오래된 종이에서 지워진 뺄셈식을 알아내려고 해요.

- 일의 자리 수를 비교하면 8>5이니까 받아내림이 있는 계산이야.
- 6 [3] / − 8 / [5] 5
- 그럼 일의 자리에서 10+□−8=5, 십의 자리에서 6−1=□

● 지워진 수를 찾아 □ 안에 알맞은 수를 쓰세요.

① 5 [1] / − 7 / [4] 4
10+□−7=4, □=1
5−1=□, □=4

② 7 2 / − 5 / 6 [7]
12−5=□, □=7
□−1=6, □=7

③ 2 [3] / − 5 / [1] 8
10+□−5=8, □=3
2−1=□, □=1

④ 4 8 / − 9 / 3 [9]
18−9=□, □=9
□−1=3, □=4

● □ 안에 알맞은 수를 쓰세요.

받아내림이 없는 식	받아내림이 있는 식
5 6 / − 4 / 5 2	3 10 / 4̸ 2 / − 9 / 3 3

받아내림이 없는 식과 있는 식을 먼저 구분해.

① 1 [7] / − 2 / [1] 5
② 4 10 / 5̸ 7 / − [8] / 4 9
③ 8 10 / 9̸ 3 / − [7] / 8 6

④ 6 8 / − [3] / 6 5
⑤ 2 10 / 3̸ 4 / − 6 / 2 8
⑥ 4 10 / 5̸ [0] / − 4 / [4] 6

⑦ 6 10 / 7̸ [2] / − 5 / [6] 7
⑧ 5 10 / 6̸ 2 / − [3] / 5 9
⑨ 8 [9] / − 2 / [8] 7

공부한 날 월 일

90 · 91

339 재미있는 뺄셈 연습

트럭이 지나가려면 뺄셈의 답을 구해야 해요.

어려워서 못 풀 것 같은데?

− 6 2 / 27 21 25 / 43 37 41

27−6=21, 27−2=25, 43−6=37, 43−2=41

● 빈 곳에 알맞은 수를 쓰세요.

① − 4 7 / 12 [8] [5] / 65 [61] [58]
12−4=8, 12−7=5, 65−4=61, 65−7=58

② − 3 1 / 89 [86] [88] / 31 [28] [30]
89−3=86, 89−1=88, 31−3=28, 31−1=30

③ − 5 9 / 47 [42] [38] / 94 [89] [85]
47−5=42, 47−9=38, 94−5=89, 94−9=85

④ − 2 8 / 70 [68] [62] / 56 [54] [48]
70−2=68, 70−8=62, 56−2=54, 56−8=48

● 올바른 식이 되도록 선을 그으세요.

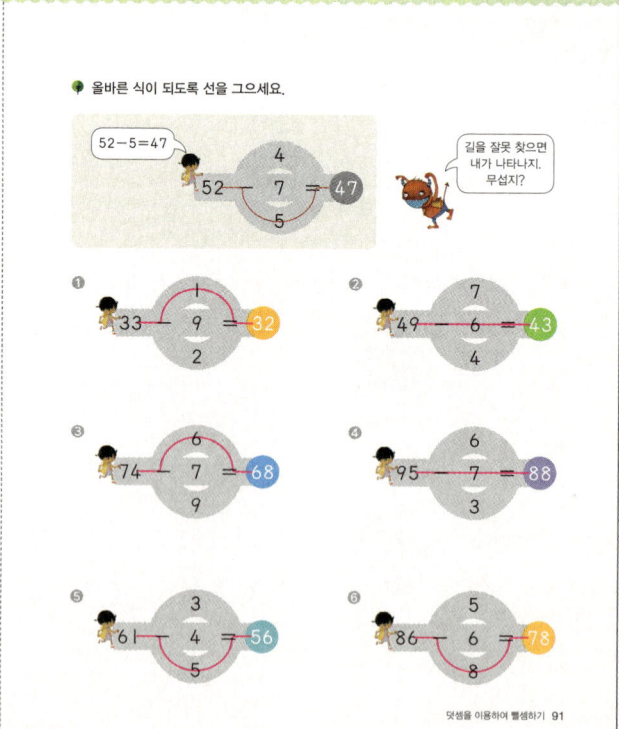

52−5=47
52 − (4 / 7 / 5) = 47
길을 잘못 찾으면 내가 나타나지. 무섭지?

① 33 − (9 / 2) = 32
② 49 − (7 / 6 / 4) = 43
③ 74 − (6 / 7 / 9) = 68
④ 95 − (6 / 7 / 3) = 88
⑤ 61 − (3 / 4 / 5) = 56
⑥ 86 − (5 / 6 / 8) = 78

태돌이가 차례대로 빼고 또 빼는 계산을 해요.

51 —6→ 45 —2→ 43

51-6=45
45-2=43

🌱 빈 곳에 알맞은 수를 쓰세요.

❶ 29 —4→ 25 —5→ 20   ❷ 84 —3→ 81 —9→ 72

❸ 36 —7→ 29 —2→ 27   ❹ 73 —5→ 68 —6→ 62

❺ 42 —8→ 34 —3→ 31   ❻ 67 —1→ 66 —8→ 58

❼ 57 —2→ 55 —5→ 50   ❽ 42 —4→ 38 —3→ 35

🌱 차를 구했을 때 결과가 지붕에 있는 수가 되는 두 수를 찾아 색칠하세요.

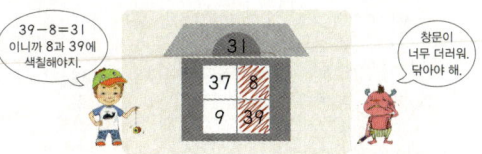

39-8=31
이니까 8과 39에
색칠해야지.

31

| 37 | 8 |
| 9 | 39 |

창문이
너무 더러워.
닦아야 해.

 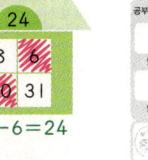

❶
58
| 65 | 7 |
| 2 | 59 |
65-7=58

❷
24
| 8 | 6 |
| 30 | 31 |
30-6=24

❸
47
| 54 | 6 |
| 5 | 52 |
52-5=47

❹
86
| 2 | 92 |
| 5 | 89 |
92-6=86

공부한 날

월

일

340 뺄셈 연습

큐리와 현우가 받아내림이 없는 뺄셈과 받아내림이 있는 뺄셈을 해요.

받아내림이 없는 뺄셈
그대로
57-4=53
7-4=3

받아내림이 있는 뺄셈
1 작은 수
35-8=27
15-8=7

일의 자리 수끼리
뺄 수 없을 때에는?

십의 자리에서 10을
받아내림하여 계산해.

🌱 □ 안에 알맞은 수를 쓰세요.

받아내림이 없는 뺄셈

❶ 19 - 3 = 16

❸ 45 - 2 = 43

❺ 76 - 5 = 71

받아내림이 있는 뺄셈

❷ 22 - 4 = 18

❹ 64 - 7 = 57

❻ 53 - 9 = 44

🌱 뺄셈을 하세요.

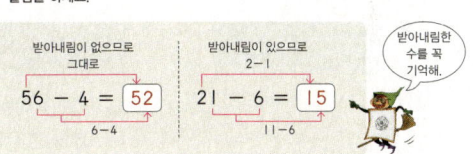

받아내림이 없으므로
그대로
56 - 4 = 52
6-4

받아내림이 있으므로
2-1
21 - 6 = 15
11-6

받아내림한
수를 꼭
기억해.

❶ 77 - 2 = 75   ❷ 33 - 8 = 25

❸ 41 - 7 = 34   ❹ 69 - 9 = 60

❺ 28 - 4 = 24   ❻ 93 - 7 = 86

❼ 86 - 8 = 78   ❽ 42 - 6 = 36

96 · 97

티나가 세로셈으로 뺄셈을 해요.

받아내림이 없는 뺄셈

```
    2 6
  -   3
    2 3
    6-3
```

받아내림이 있는 뺄셈

```
    3 10
    4 5 7
  -   5 7
    3 8
  4-1 15-7
```

받아내림한 10을 일의 자리 숫자 위에 작게 써.

🌲 □ 안에 알맞은 수를 쓰세요.

받아내림이 없는 뺄셈

①
```
    7 4 2
  -     2
    7 2
```

③
```
    3 6
  -   1
    3 5
```

받아내림이 있는 뺄셈

②
```
    4 10
    5 1
  -     8
    4 3
```

④
```
    5 10
    6 7
  -     8
    5 9
```

🌲 뺄셈을 하세요.

먼저 받아내림이 있는지 없는지 확인해.

 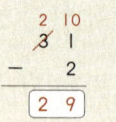

```
    2 10
    3 1
  -   2
    2 9
```

각 자리를 맞춰서 계산해.

①
```
    7 10
    8 5
  -   7
    7 8
```

②
```
    6 10
    7 3
  -   5
    6 8
```

③
```
    6 8
  -   6
    6 2
```

④
```
    4 9
  -   3
    4 6
```

⑤
```
    8 10
    9 2
  -   8
    8 4
```

⑥
```
    6 3
  -   1
    6 2
```

⑦
```
      10
    1 7
  -   9
      8
```

⑧
```
    5 6
  -   4
    5 2
```

⑨
```
    8 7
  -   6
    8 1
```

---

98 · 99

❄ 무엇을 배웠을까요

▲ □ 안에 알맞은 수를 쓰세요.

①
19	
11	8

$11 + 8 = 19$

➡ $19 - 8 = 11$

②
22	
15	7

$15 + 7 = 22$

➡ $22 - 7 = 15$

③
18	
12	6

$12 + 6 = 18$

➡ $18 - 6 = 12$

④
16	
13	3

$13 + 3 = 16$

➡ $16 - 3 = 13$

▲ 덧셈식을 이용하여 뺄셈을 완성하세요.

⑤ $33 + 5 = 38$

➡ $38 - 5 = 33$

⑥ $57 + 7 = 64$

➡ $64 - 7 = 57$

⑦ $42 + 9 = 51$

➡ $51 - 9 = 42$

⑧ $86 + 3 = 89$

➡ $89 - 3 = 86$

▲ 뺄셈을 하세요.

⑨
```
    2 10
    3 3
  -   6
    2 7
```

⑩
```
    4 10
    5 2
  -   7
    4 5
```

⑪
```
    7 10
    8 4
  -   9
    7 5
```

⑫
```
    8 10
    9 5
  -   9
    8 6
```

▲ □ 안에 알맞은 수를 쓰세요.

⑬
```
    3 8
  -   6
    3 2
```

⑭
```
    1 9
  -   4
    1 5
```

⑮
```
    6 3
  -   2
    6 1
```

⑯
```
    1 10
    2 2
  -   8
    1 4
```

⑰
```
    4 10
    5 2
  -   5
    4 7
```

⑱
```
    7 10
    8 4
  -   9
    7 5
```

받아내림이 없는 뺄셈

관련 쪽수: 6~27쪽

✤ 뺄셈을 하세요.

① $15 - 3 = \boxed{12}$
② $18 - 8 = \boxed{10}$

③ $22 - 1 = \boxed{21}$
④ $26 - 5 = \boxed{21}$

⑤ $34 - 2 = \boxed{32}$
⑥ $47 - 4 = \boxed{43}$

⑦ $69 - 7 = \boxed{62}$
⑧ $88 - 6 = \boxed{82}$

✤ □ 안에 알맞은 수를 쓰세요.

⑨ $\boxed{17} - 3 = 14$
⑩ $\boxed{27} - 6 = 21$

⑪ $\boxed{47} - 5 = 42$
⑫ $\boxed{57} - 4 = 53$

⑬ $\boxed{79} - 1 = 78$
⑭ $\boxed{98} - 8 = 90$

102 연산 C5

✤ 가로셈을 세로셈으로 나타내고 뺄셈을 하세요.

⑮ $16-5$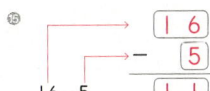

⑯ $33-1$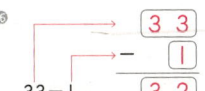

⑰ $46-3$ →
```
   4 6
 -   3
─────
   4 3
```

⑱ $57-2$ →
```
   5 7
 -   2
─────
   5 5
```

⑲ $78-6$ →
```
   7 8
 -   6
─────
   7 2
```

⑳ $89-8$ →
```
   8 9
 -   8
─────
   8 1
```

✤ □ 안에 알맞은 수를 쓰세요.

㉑ $25 - \boxed{3} = 22$
㉒ $49 - \boxed{6} = 43$

㉓ $68 - \boxed{8} = 60$
㉔ $92 - \boxed{1} = 91$

연산 보충 학습 103

받아내림이 있는 뺄셈

관련 쪽수: 30~51쪽

✤ □ 안에 알맞은 수를 쓰세요.

① $14 - 7 = \boxed{7}$
$10 - \boxed{7} + \boxed{4}$
$\boxed{3} + 4 = \boxed{7}$

② $13 - 4 = \boxed{9}$
$10 - \boxed{4} + 3$
$\boxed{6} + 3 = \boxed{9}$

③ $15 - 8 = \boxed{7}$
$10 - \boxed{8} + \boxed{5}$
$\boxed{2} + 5 = \boxed{7}$

④ $17 - 9 = \boxed{8}$
$10 - \boxed{9} + 7$
$\boxed{1} + 7 = \boxed{8}$

⑤ $22 - 5 = \boxed{17}$
$10 + \boxed{12} - 5$
$10 + \boxed{7} = \boxed{17}$

⑥ $31 - 3 = \boxed{28}$
$20 + \boxed{11} - 3$
$20 + \boxed{8} = \boxed{28}$

⑦ $42 - 6 = \boxed{36}$
$30 + \boxed{12} - 6$
$30 + \boxed{6} = \boxed{36}$

⑧ $56 - 9 = \boxed{47}$
$40 + \boxed{16} - 9$
$40 + \boxed{7} = \boxed{47}$

104 연산 C5

✤ 뺄셈을 하세요.

⑨
```
 ①10
  2 1
 -   5
─────
  1 6
```

⑩
```
 ①10
  2 8
 -   9
─────
  1 9
```

⑪
```
 ②10
  3 2
 -   4
─────
  2 8
```

⑫
```
 ②10
  3 6
 -   7
─────
  2 9
```

⑬
```
 ③10
  4 5
 -   6
─────
  3 9
```

⑭
```
 ③10
  4 3
 -   8
─────
  3 5
```

⑮
```
 ④10
  5 2
 -   5
─────
  4 7
```

⑯
```
 ⑤10
  6 6
 -   8
─────
  5 8
```

⑰
```
 ⑤10
  6 8
 -   9
─────
  5 9
```

⑱
```
 ⑥10
  7 4
 -   7
─────
  6 7
```

⑲
```
 ⑥10
  7 7
 -   9
─────
  6 8
```

⑳
```
 ⑦10
  8 3
 -   5
─────
  7 8
```

연산 보충 학습 105

정답 23

106 · 107

십, 몇십을 만들어 빼기
관련 쪽수: 54~75쪽

✛ 뺄셈을 하세요.

❶ 20 − 1 = 19　　❷ 30 − 7 = 23

❸ 40 − 5 = 35　　❹ 50 − 8 = 42

❺ 60 − 2 = 58　　❻ 70 − 4 = 66

❼ 80 − 6 = 74　　❽ 90 − 3 = 87

❾ 37 − 10 = 27　　❿ 56 − 10 = 46

⓫ 41 − 10 = 31　　⓬ 29 − 10 = 19

⓭ 63 − 10 = 53　　⓮ 84 − 10 = 74

✛ □ 안에 알맞은 수를 쓰세요.

⓯ 37 − 8 = 29　(+2　+2)　39 − 10 = 29

⓰ 62 − 9 = 53　(+1　+1)　63 − 10 = 53

⓱ 43 − 7 = 36　(+3　+3)　46 − 10 = 36

⓲ 56 − 9 = 47　(+1　+1)　57 − 10 = 47

⓳ 23 − 6 = 17　　20−6+3　　14 + 3 = 17

⓴ 46 − 8 = 38　　40−8+6　　32 + 6 = 38

㉑ 71 − 3 = 68　　70−3+1　　67 + 1 = 68

㉒ 82 − 5 = 77　　80−5+2　　75 + 2 = 77

108

덧셈을 이용하여 뺄셈하기
관련 쪽수: 78~99쪽

✛ □ 안에 알맞은 수를 쓰세요.

❶ 4 6 − 3 = 4 3

❷ 1 8 − 7 = 1 1

❸ 2 8 − 2 = 2 6

❹ 1 10　2̸ 3 − 5 = 1 8

❺ 2 10　3̸ 5 − 7 = 2 8

❻ 6 10　7̸ 4 − 8 = 6 6

✛ 뺄셈을 하세요.

❼ 3 9 − 7 = 3 2

❽ 3 10　4̸ 2 − 5 = 3 7

❾ 4 10　5̸ 5 − 9 = 4 6

❿ 6 7 − 6 = 6 1

⓫ 6 10　7̸ 1 − 4 = 6 7

⓬ 7 10　8̸ 6 − 8 = 7 8